全国职业培训推荐教材
人力资源和社会保障部教材办公室评审通过
适合于职业技能短期培训使用

土石方机械操作基本技能

中国劳动社会保障出版社

图书在版编目(CIP)数据

土石方机械操作基本技能/伊丽丽主编. —北京：中国劳动社会保障出版社，2011

职业技能短期培训教材

ISBN 978-7-5045-9201-9

Ⅰ.①土… Ⅱ.①伊… Ⅲ.①土方工程-建筑机械-操作-技术培训-教材②石方工程-建筑机械-操作-技术培训-教材 Ⅳ.①TU620.7②TU630.7

中国版本图书馆 CIP 数据核字(2011)第 161538 号

中国劳动社会保障出版社出版发行

(北京市惠新东街 1 号 邮政编码：100029)

出 版 人：张梦欣

*

中国标准出版社秦皇岛印刷厂印刷装订 新华书店经销

850 毫米×1168 毫米 32 开本 2.875 印张 71 千字

2011 年 8 月第 1 版 2020 年 12 月第 11 次印刷

定价：7.00 元

读者服务部电话：(010) 64929211/84209101/64921644

营销中心电话：(010) 64962347

出版社网址：http://www.class.com.cn

前言

职业技能培训是提高劳动者知识与技能水平、增强劳动者就业能力的有效措施。职业技能短期培训，能够在短期内使受培训者掌握一门技能，达到上岗要求，顺利实现就业。

为了适应开展职业技能短期培训的需要，促进短期培训向规范化发展，提高培训质量，中国劳动社会保障出版社组织编写了职业技能短期培训系列教材，涉及二产和三产百余种职业（工种）。在组织编写教材的过程中，以相应职业（工种）的国家职业标准和岗位要求为依据，并力求使教材具有以下特点：

短。教材适合 15～30 天的短期培训，在较短的时间内，让受培训者掌握一种技能，从而实现就业。

薄。教材厚度薄，字数一般在 10 万字左右。教材中只讲述必要的知识和技能，不详细介绍有关的理论，避免多而全，强调有用和实用，从而将最有效的技能传授给受培训者。

易。内容通俗，图文并茂，容易学习和掌握。教材以技能操作和技能培养为主线，用图文相结合的方式，通过实例，一步步地介绍各项操作技能，便于学习、理解和对照操作。

这套教材适合于各级各类职业学校、职业培训机构在开展职业技能短期培训时使用。欢迎职业学校、培训机构和读者对教材中存在的不足之处提出宝贵意见和建议。

人力资源和社会保障部教材办公室

简介

本书以土石方基础知识开篇，主要介绍了挖掘机械、运输机械、压实机械、凿岩穿孔机械的基本工作原理，以及土石方机械配套选型的原则和计算方法，书中重点讲述了各类机械安全操作的基本技能，以及各类机械的维护、保养等知识，最后介绍了建筑业的安全生产与文明施工的基本规范和要求。

本书适合土石方机械的设备管理、操作及维护人员培训和自学使用，编写过程中，针对职业技能短期培训学员的特点，加强内容表述的直观性，操作技能配有直观的图片，内容简练，实用性强。通过本书的学习，学员能够从事土石方机械操作相关岗位的工作。

本书由伊丽丽主编，赵海艳、刘诚斌参与编写。

目录

第一单元　土石方基础知识

培训目标：

1. 了解土石的分类及工程性质。
2. 掌握土石方工程量的计算方法。

模块一　土石的分类与工程性质

一、土石的分类

土石的分类方法有很多种，在施工中，一般根据土石的坚硬程度和开挖的难易程度，将土石分为松软土、普通土、坚土、砂砾坚土、软石、次坚石、坚石、特坚石等八大类。前四类属于土，后四类属于岩石，土石的工程分类与现场鉴别方法见表1—1。

表1—1　　土石的工程分类与现场鉴别方法

工程分类	土石的名称	可松性系数		现场鉴别方法
		最初可松性系数 K_s	最终可松性系数 K'_s	
一类土（松软土）	砂，亚砂土，冲击砂土层，种植土，淤泥	1.08～1.17	1.01～1.03	用锄头挖掘
二类土（普通土）	亚黏土，潮湿的黄土，夹有碎石或卵石的砂，种植土，填筑土，亚砂土	1.14～1.28	1.02～1.05	用锄头挖掘，少许用镐翻松

续表

工程分类	土石的名称	可松性系数		现场鉴别方法
		最初可松性系数 K_s	最终可松性系数 K'_s	
三类土（坚土）	软及中等密实的黏土，重亚黏土，干黄土，含碎石或卵石的黄土，亚黏土，压实的填筑土	1.24～1.30	1.04～1.07	主要用镐，少许用锄头挖掘，部分用撬棍挖掘
四类土（砂砾坚土）	重黏土，含碎石或卵石的黏土，粗卵石，密实的黄土，天然级配的砂石，软泥灰岩及蛋白岩	1.26～1.32	1.06～1.09	整体用镐、撬棍，然后用锄头，部分用楔子及大锤挖掘
五类土（软石）	硬石炭纪黏土，中等密实的页岩，泥灰岩，白垩土，胶结不紧的砾岩，软的石灰岩	1.30～1.45	1.10～1.20	用镐、撬棍、大锤挖掘，部分用爆破方法开挖
六类土（次坚石）	泥岩，砂岩，砾岩，坚实的页岩，泥灰岩，密实的石灰岩，风化的花岗岩，片麻岩	1.30～1.45	1.10～1.20	用爆破方法开挖，部分用风镐开挖
七类土（坚石）	大理岩，辉绿岩，粗、中粒花岗岩，坚实的白云岩，砂岩，砾岩，片麻岩，石灰岩，风化痕迹的安山岩，玄武岩	1.30～1.45	1.10～1.20	用爆破方法开挖
八类土（特坚石）	安山岩，玄武岩，花岗片麻岩，坚实的细粒花岗岩，闪长岩，石灰岩，辉长岩，辉绿岩	1.45～1.50	1.20～1.30	用爆破方法开挖

二、土石的工程性质

土石的工程性质对土石方工程施工有直接的影响，也是确定土石方工程施工方案的基本资料。在进行土石的成分分析时，对土石的性质分析较多，如天然密度、密实度、孔隙率、抗剪强度、压缩强度、可松性、含水量、渗透性等，这里仅对施工中常涉及的土的基本性质说明如下。

1. 土的天然密度

土在天然状态下单位体积的质量，称为土的天然密度，用 ρ 表示。

$$\rho=\frac{m}{V}$$

式中 m——质量，kg 或 g；

V——体积，cm^3 或 m^3。

2. 土的可松性

天然土经过开挖后，其体积因松散而增加，虽经过振动夯实后，但仍不能恢复到原来的体积，这种性质称为土的可松性，用 K_s、K'_s表示。

$$K_s=\frac{V_2}{V_1}$$

$$K'_s=\frac{V_3}{V_1}$$

式中 K_s——土的最初可松性系数；

K'_s——土的最终可松性系数；

V_1——土在天然状态下的体积，cm^3 或 m^3；

V_2——土在被挖出后松散状态下的体积，cm^3 或 m^3；

V_3——土在被压实后的体积，cm^3 或 m^3。

3. 土的含水量

土中水的质量与土中固体颗粒的质量之比，称为含水量，用 ω 表示。

$$\omega=\frac{m_w}{m_s}\times 100\%$$

式中 m_w——土中水的质量，kg 或 g；

m_s——土中固体颗粒的质量（温度为105℃、烘干后），kg或g。

4. 土的密实度

工程上通常用密实度表示土的紧密程度，用λ_c表示。

$$\lambda_c=\frac{\rho_d}{\rho_{dmax}}$$

式中 ρ_d——土的实际干密度，g/cm^3；

ρ_{dmax}——土的最大干密度，g/cm^3。

土的实际干密度可用“环刀法”测定，土的最大干密度可用击实试验测定。

5. 土的渗透性

土的渗透性是指土体被水透过的性质。土的渗透性一般用渗透系数表示，即水在单位时间内穿透土层的能力，用K表示。

$$K=\frac{v}{I}$$

$$I=\frac{H_A-H_B}{L}$$

式中 K——土的渗透系数，m/天；

v——水在土中的渗流速度，m/天；

I——土的水力坡度；

H_A、H_B——A、B两点的水位，m；

L——土层中水的渗流路径，m。

土的渗透系数可反映出土体透水性的强弱，是地下水位降低时计算涌水量的主要参数，它与土的种类、密实程度有关，一般可以通过室内渗透试验或现场抽水试验来测定。

模块二 土石方工程量的计算

在土石方工程施工前，首先要计算土石方的工程量，但是各种土石方工程的外形不规则，有时会很复杂。一般情况下，都将其假设划分为一定的几何形状，并采用既具有一定精度又符合实际情况的数学模型进行计算。

一、基坑、基槽、路堤土方量的计算

基坑的土方量可按立体几何中的拟柱体（见图 1—1a）体积公式计算，即：

$$V=\frac{H}{6}\left(F_1+4F_0+F_2\right)$$

式中 V ——基坑的土方量，m^3；

H ——基坑的开挖深度，m；

F_1、F_2——基坑的上顶面、下底面面积，m^2；

F_0——基坑的中截面面积，m^2。

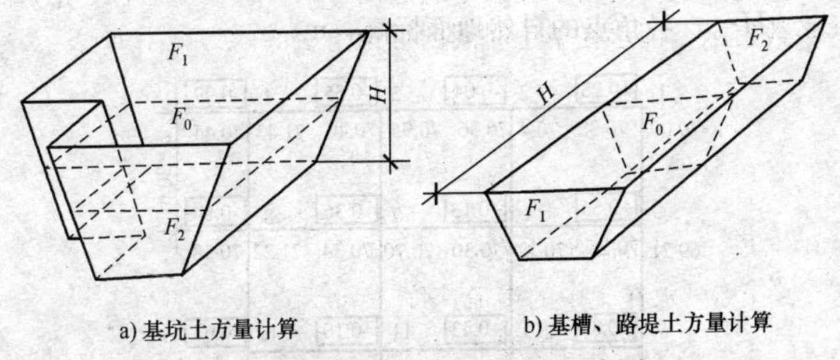

a) 基坑土方量计算　　b) 基槽、路堤土方量计算

图 1—1　土方量计算模型

基槽、路堤的土方量可以沿着长度方向分段后，再用相同的方法计算，如图 1—1b 所示，将各段的土方量相加即得总土方量。

二、场地平整土方量的计算

场地平整就是将现场的天然地面改造成施工所要求的设计平面。首先要确定场地的设计标高，然后计算挖、填土方工程量，确定土方调配方案，并根据施工现场条件、施工工期及现有的机械设备条件，选择土石方施工机械，拟订施工方案。

场地平整土方量的计算方法有方格网法和断面法两种。当场地地形较为平坦时，宜用方格网法；当场地地形比较复杂或挖、填深度较大，断面不规则时，宜采用断面法。下面简单介绍方格网法的计算方法。

1. 划分方格网，计算各方格角点的施工高度

首先根据地形图（一般比例为 1∶500），将场地划分为若干个边长为 20～40 m 的方格网；然后将各角点的设计地面标高和自然地面标高分别标注在角点的右下角和左下角，如图 1—2 所示。计算两标高的差值即为各角点的施工高度。

$$h_n = H_n - H$$

式中 h_n——各角点的施工高度，挖方为“－”，填方为“＋”，m；

H_n——各角点的设计地面标高，m；

H——各角点的自然地面标高，m。

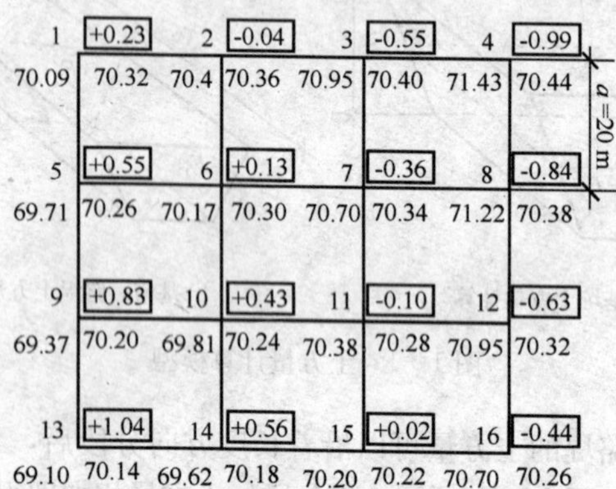

图 1—2 用方格网法计算土方量

2. 计算零点位置，确定零线

在一个方格网内若同时有填、挖方，首先应确定方格网边的零点位置，然后将所有的零点连接起来即为零线，零线是挖方区与填方区的分界线，在该线上的施工高度为零。零线的确定方法是：在相邻角点施工高度为一挖一填的方格边线上，用插入法求

出零点的位置，将各相邻的零点连接起来即为零线，如图 1—3 所示。

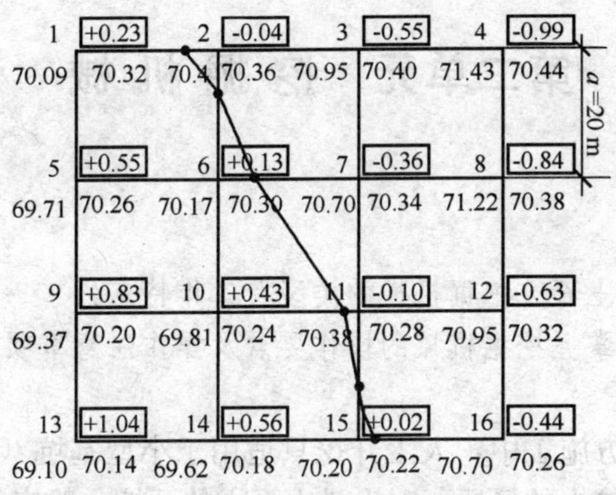

图 1—3　确定零线

3. 计算方格土方量

先按方格分别求出挖、填方量，再分别求出整个场地的总挖方量、总填方量。

第二单元 挖掘机械

培训目标：

1. 了解土石方挖掘机械的类型及工作特点。
2. 熟练掌握挖掘机械的操作要点及操作注意事项。

在土石方施工中，人工开挖只适用于小型基坑（槽）、管沟及土石方量较少的场所，对大量土石方的开挖一般应采用机械化施工。挖掘机、推土机是土石方工程开挖的主要施工机械。

模块一 挖 掘 机

挖掘机（见图 2—1）是一种用铲斗挖掘高于或低于承机面的物料，并将物料装入运输车辆或卸至堆料场的土石方施工机械。挖掘的物料主要有土壤、煤、泥沙以及岩石等。挖掘机还是一种多用途的土石方施工机械，除了可进行土石方挖掘、装载以外，还可进行土地平整、修坡、吊装、破碎、拆迁、开沟等作业，所以在公路和铁路等道路施工、桥梁建设、城市建设、机场港口及水利施工中得到了广泛的应用。

一、挖掘机的分类

挖掘机是一种可循环作业的施工机械，在土石方工程施工中最为常见。按其行走机构的不同可分为履带式和轮胎式；按其传动方式的不同可分为机械传动和液压传动；按其工作装置的不同可分为正铲、反铲和抓铲等。

图 2—1　挖掘机

1. 正铲挖掘机

正铲挖掘机由动臂、斗杆、铲斗、液压缸、连杆机构等主要部分组成，如图 2—2 所示。每一工作循环包括挖掘、回转、卸料、返回四个过程。挖掘时，将铲斗自下而上提升，同时向前推压斗杆，在工作面上形成一条弧形挖掘带；铲斗装满后，将铲斗后退，离开工作面；回转挖掘机上部机构至运输车辆处，打开斗门，将土卸出；然后回转挖掘机进行下一个循环作业。

(1) 适用范围。适用于含水量小于 27%的一至四类土和经爆破后的岩石和冻土碎块的开挖，大型场地土石方的整平，工作面狭小且较深的大型管沟和基槽路堑的开挖，独立基坑及边坡的开挖等。

(2) 作业方法。正铲挖掘机的挖土特点是：“前进向上，强制切土”。根据开挖路线与运输汽车相对位置的不同，有以下两种方法。

1) 正向开挖，侧向装土法：正铲沿前进方向挖土，汽车位于正铲的侧向装车。本方法装车方便，循环时间短，生产效率较

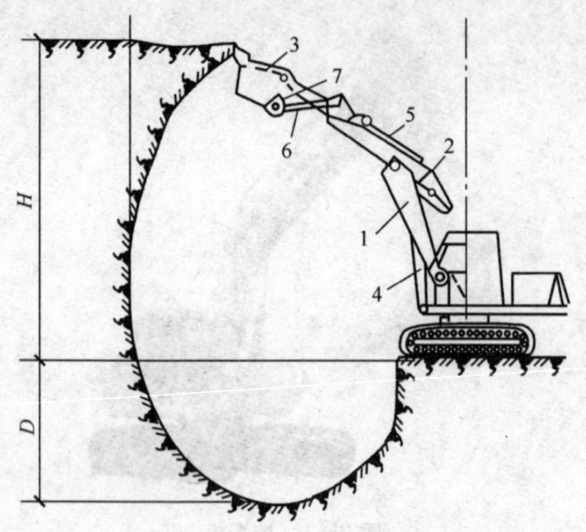

图 2—2　正铲挖掘机的构造图

1—动臂　2—斗杆　3—铲斗

4、5、6—液压缸　7—连杆机构

高。用于开挖工作面较大，深度不大的边坡、基坑（槽）、沟渠和路堑等，为最常用的开挖方法，如图 2—3 所示。

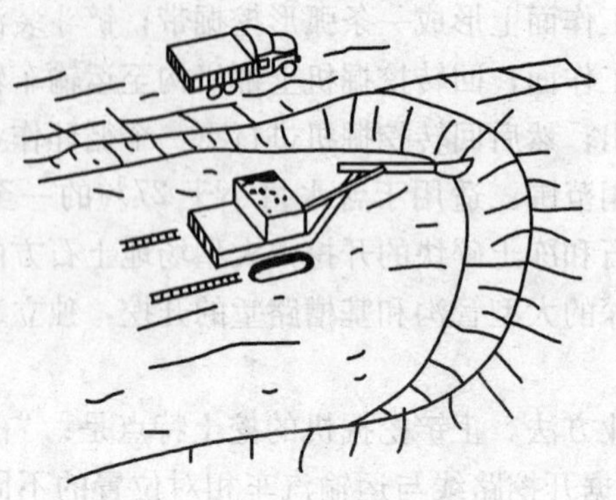

图 2—3　正向开挖，侧向装土法

2）正向开挖，后方装土法：正铲沿前进方向挖土，汽车停在正铲的后面。本方法开挖工作面较大，生产效率较低。用于开挖工作面较小，且较深的基坑（槽）、管沟和路堑等，如图 2—4 所示。

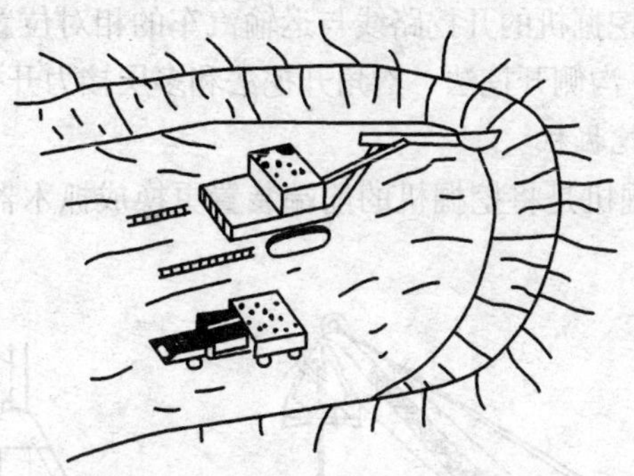

图 2—4　正向开挖，后方装土法

2. 反铲挖掘机

反铲挖掘机是将铲斗背向安装在斗臂前端的液压式操作机械，其挖掘力较正铲挖掘机小，如图 2—5 所示。

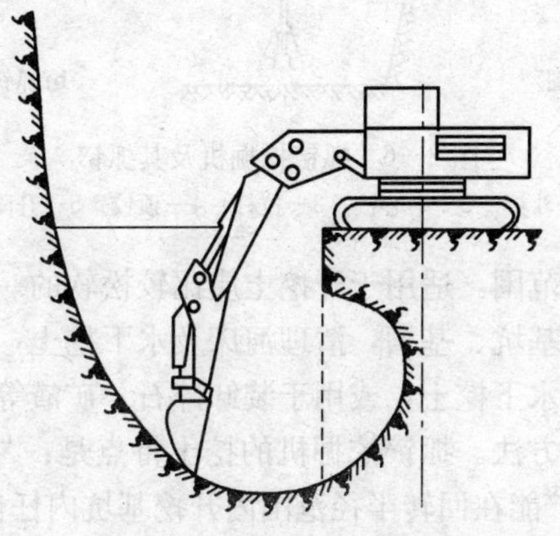

图 2—5　反铲挖掘机的挖掘

（1）适用范围。适用于含水量大的一至三类土的开挖；主要适用于停机面以下深度不大的基坑（槽）或管沟，独立基坑及边坡的开挖。

（2）作业方法。反铲挖掘机的挖土特点是："后退向下，强制切土"。根据挖掘机的开挖路线与运输汽车的相对位置不同，分为沟端开挖法、沟侧开挖法、沟角开挖法和多层接力开挖法等。

3．抓铲挖掘机

抓铲挖掘机是将挖掘机的前端装置更换成抓木器的机械，如图 2—6 所示。

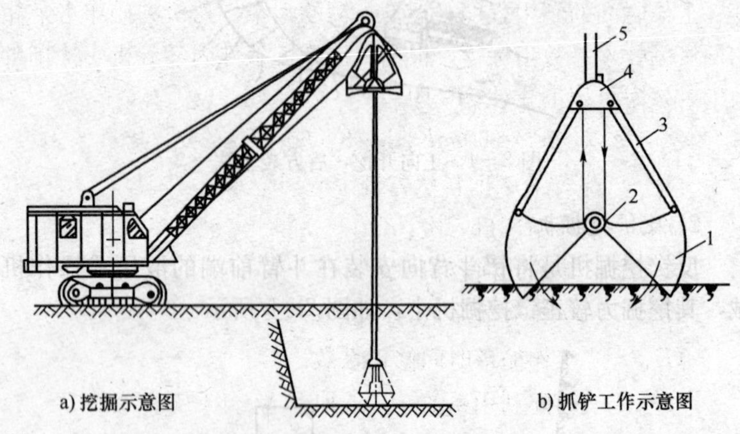

图 2—6　抓铲挖掘机及其抓铲

1—斗瓣　2—中心铰　3—拉杆　4—顶铰　5—升降索

（1）适用范围。适用于开挖土质比较松软的一至二类土和施工面狭窄的深基坑、基槽，清理河床及水下挖土，桥基、桩孔挖土，最适用于水下挖土，或用于装卸碎石、矿渣等松散材料。

（2）作业方法。抓铲挖掘机的挖土特点是："直上直下，自重切土"。抓铲能在回转半径范围内开挖基坑内任何位置的土方，并可在任何高度卸土、装土或弃土。

对小型基坑，抓铲立于一侧抓土；对较宽的基坑，抓铲则在两侧或四侧抓土。抓铲应离基坑边缘一定距离，可将土方直接装至自卸汽车运走，或堆弃在基坑旁，或用推土机推至远处。挖淤泥时，抓铲易被淤泥吸住，应避免用力过猛，以防翻车。抓铲施工，一般均需加配重。

二、挖掘机技术参数的计算

1. 挖掘机生产效率的计算

挖掘机的生产效率，是指在单位时间内从掌子面（挖掘机的工作面称为掌子面）中挖取并卸入土堆或车厢的土方量。影响挖掘机生产效率的主要因素有：土壤性质、掌子面高度、旋转角度、工作时间的利用程度、运输车辆的大小、司机的操作水平和挖掘机的技术参数指标等。根据具体施工条件因素分析，挖掘机的生产效率可用下式计算，即：

$$P=60nqK_{充}K_{修}K_{时}K_{延}/K_{松}$$

式中 P——生产效率即自然方量，m^3/h；

n——设计循环量，次/min；

q——铲斗的几何容积，m^3；

$K_{充}$——铲斗充盈系数，一般取 0.8～1.1；

$K_{修}$——工作循环时间修正系数；

$K_{时}$——时间利用系数，一般取 0.8～0.9；

$K_{延}$——联合工作系数，卸入弃土堆时取 1.0，卸入车厢时取 0.9；

$K_{松}$——土壤的可松性系数，见表 2—1。

表 2—1　　土壤的可松性系数

挖掘机斗容/m^3	土壤级别					
	Ⅰ	Ⅱ	Ⅲ	Ⅳ	爆得好的岩石	爆得不好的岩石
0.8～2.0	0.89	0.82	0.79	0.74	0.68	0.67
2.5～3.8	0.91	0.83	0.80	0.76	0.69	0.68
4.0～6.0	0.93	0.85	0.82	0.78	0.71	0.69
6.0～10.0	0.95	0.87	0.83	0.80	0.73	0.70

提高挖掘机生产效率的措施有：合理布置掌子面，缩短挖掘机工作循环时间；合理配置挖运设备；规范施工方法和步骤，提高机械设备操作水平，加强施工管理，提高时间利用系数；加强机械维修保养，保证机械正常使用。

2. 挖掘机需用量的计算

挖掘机需用量主要根据开挖量和机械生产效率来确定，通常可用下式计算：

$$N=M/(WP_s k_t)$$

式中 N——挖掘机需用量，台（取整数）；

M——计划时段内应开挖的土方量，m^3；

W——计划时段内挖掘机计划台班数；

P_s——挖掘机的生产效率，m^3/台班；

k_t——时间利用系数（见表 2—2）。

表 2—2　施工机械的时间利用系数 k_t

作业条件	施工管理条件				
	最好	良好	一般	较差	很差
最好	0.84	0.81	0.76	0.70	0.63
良好	0.78	0.75	0.71	0.65	0.60
一般	0.72	0.69	0.65	0.60	0.54
较差	0.63	0.61	0.57	0.52	0.45
很差	0.52	0.50	0.47	0.42	0.32

三、挖掘机的操作要点

挖掘机是高温、高压机器，要求操作、维修人员必须是经过专门培训，并取得相应资格证的人员。同时，在挖掘机作业、维护、维修时，必须严格按照规定操作，避免意外事故的发生。

1. 开机前的检查

为了延长机器的使用寿命，启动发动机之前，应对机器进行检查。

（1）观察整机的周围和底部，是否存在脏物堆积、螺栓松动、油泄漏、冷却液泄漏、零件损坏或磨损等现象。

（2）检查电气系统所有开关的功能，照明、保险丝盒等是否正常。

（3）检查工作装置和液压部件是否正常。

（4）检查所有的机油液面、冷却液液面和燃油液面是否在规定的范围。

2. 作业操作要点

（1）挖掘作业

1）开动前应先发出信号，再检查各制动器动作是否灵活可靠。操作应力求平稳、准确，不得过猛、过急。

2）作业时应做到“五不碰”：不碰天轮，不碰保险牙，不碰履带板及机架，不碰缓冲木，不碰装载车辆、车厢。

3）作业时必须做到“八不准”：不准“三条腿”作业；不准单边斗牙硬啃；不准强力挖掘大块石和硬啃固石或根底；不准用斗牙挑大块石装车；铲斗未撤出掌子面，不准回转或行走；运输车辆未停稳，不准装车；铲斗不准从汽车驾驶室上方越过；不准用铲斗推动汽车。

4）铲斗装满回转时，不得采用急制动，以防飞料肇事。铲斗应在汽车车厢上方的中间位置卸料，不得偏装。卸料高度以斗底板打开后不碰及车厢为宜。

5）挖掘机回转时，应尽量使用回转制动器制动，禁止用转向离合器反顶制动。禁止在满载时将铲斗悬空、进行行走或变更动臂倾角。禁止任何非本机人员上、下机车，任何人员在回转范围内不得通行及停留。

6）运转中应随时监听各部位有无异常声响，并监视各仪表指示是否在正常范围。禁止在转动部位注油、调整、修理或清扫。

7）防止铲斗和汽车车厢碰撞，防止装有物料的铲斗从汽车的驾驶室或人员上方通过，如图 2—7 所示。

图 2—7　防止装有物料的铲斗从人员上方通过

8）禁止在超过允许的水深环境中作业。

9）禁止挖掘未经爆破的五级以上岩石。严禁用铲斗进行起吊作业。

10）在寒冷天，应把机器停放在坚硬的地面上，以避免履带与地面冻结在一起。清除履带和履带架上的碎屑。如果履带与地面冻结在一起，用动臂提起履带，并小心地移动机器，以避免驱动轮和履带的损坏。

11）作业时防止底切，即应避免把机器下部的土壤挖空，如图 2—8 所示。

12）防止坍塌。切高堤或高坡时，可能引起边缘坍塌或滑坡，导致严重的伤亡事故，如图 2—9 所示。

13）小心地下设施。地下电缆或煤气管的意外切断有可能引起爆炸、火灾，导致严重的伤亡事故，如图 2—10 所示。

14）司机离开工作岗位前，必须将铲斗落地。

（2）起吊作业

1）工作地面要求平坦坚实，最大倾斜度不得超过 5%。

2）司机与地面指挥人员要密切联系和配合，并按照指挥人

图 2—8　防止底切　　　　图 2—9　防止坍塌

图 2—10　小心地下设施

员发出的信号进行作业。如信号不明，应搞清楚后再行操作。

3）在起吊接近起重机的满负荷物件时，必须先将重物吊起离地 10～30 cm，停留 2～3 min，经检查确认牢固、平稳、可靠后，方可继续起升。在接近满负荷作业时，禁止同时进行两种操作动作。

4）起升重物必须平稳，下降速度要均匀，禁止忽快、忽慢及突然制动。重物应绑扎牢固，吊具重心应尽量和重物重心吻合，禁止斜吊重物。

5）起吊作业时，严禁人员在重物下通过或逗留。

6）起吊作业时，臂杆最大倾角不得超过规定值；无要求时，不得超过 78°。

7）禁止起吊牢固地埋在地里或与地面冻结以及被其他重物卡压的物件。

8）重物悬吊在空中时，司机不得离开操作室或做其他工作。

9）两机抬吊时，要会同有关部门采取必要的安全措施，并要求物体的总量不得超过两机起重量总和的 75%，每机所分担的负荷不得超过该机额定起重量的 80%。

10）夜间起吊作业时，机上及工作地点必须有充足的照明。

11）运转中应随时监听各部有无异常响声，并监视各仪表指示是否在正常范围。

（3）行走作业

1）不宜使挖掘机长距离行驶，如工作需要，最长行走距离不得超过 5 km。在行走前，应对行走机构进行全面保养，行走时，每隔 45 min 必须停机检查行走机构，并加注润滑油。对于电动挖掘机，还应检查其行走电动机的运转情况。

2）行走前，应查看好路面宽度和知晓路面的承载能力，清除障碍，道路边坡要坚固可靠；行走时，挖掘机与路边缘要保持适当距离。

3）行走前，司机和指挥人员应先了解路面情况；行走时，司机要听从指挥人员的指挥，开动前应先发信号。

4）行走时，驱动轮应尽可能在行驶方向的后面，臂杆应与履带同一方向，提升、推压、回转均应在制动位置，铲斗离地面 0.5～1.5 m 为宜，起重臂杆倾角应降至 20°～30°，钩应升起，离天轮 1 m 左右。

5）上、下坡道的坡度，不得超过本机的爬坡能力。禁止中途变速或空挡滑行，并应有防止滑坡措施。绝对不要试图横穿坡度大于 15°的斜坡，以防机器侧翻。

6）转弯角度过大时，应分次进行，不得一次性急转弯。

7）通过松软地面或沼泽地段时，应预先夯实或用枕木垫好，以防陷车；通过桥梁涵洞时，必须了解它们的容许载重吨位，确认可靠后，方可通行；通过风水管路、电缆等明设线路和铁路时，应采取加垫等措施，以防压坏。

8）防止倒车和回转时造成受伤事故。

9）小心高架设施。如果机器的工作装置或其他部分撞到天桥等高架物，机器和高架物都会损坏，还可能造成人员受伤。故应谨防动臂或斗杆与高架物相撞，如图 2—11 所示。

图 2—11　小心高架物

10）与高压电线保持安全距离。在电线附近操作时，不可把机器的任何部分或负载移到危险距离之内；核实并遵守所有适用的当地法规；湿地将增大人员可能触电的范围；让周围人员远离作业区，如图 2—12 所示。

11）冬季行驶时，要采取必要的防滑措施。

（4）停机作业

图 2—12 小心高压线

1）应将挖掘机停放在坚实、平坦、安全的地方，禁止停放在可能坍塌或受洪水威胁的危险地段。

2）停放就位后，将铲斗落地，使提升绳松紧适度，起重臂杆倾角应降至 40°～50°的位置，并将回转制动器摇紧。

3）对于以内燃机为动力的挖掘机，停机前应先脱开主离合器，空转 3～5 min，将发动机逐渐减速后，再停机。当气温在 0℃以下时，应放净未加防冻液的冷却水。禁止停机前轰油门或用减压杆熄火。

4）长时间停机时，应做好一次性维护保养工作。对发动机各润滑部位要加注润滑油，堵严各进、排气管口和各油水管口，以防进入杂物，造成锈蚀、损坏。

四、挖掘机的维护保养

对挖掘机实行定期维护保养，以减少机器的故障，延长机器的使用寿命，提高工作效率，降低作业成本。

1. 燃油的管理

（1）根据不同的环境温度选用不同牌号的柴油，见表 2—3。

（2）柴油中不能混入杂质、灰土和水，以防燃油泵过早磨损。

表 2—3 柴油牌号的选用

最低环境温度	0℃	−10℃	−20℃	−30℃
柴油牌号	0#	−10#	−20#	−35#

(3) 不能选用劣质燃油。因劣质燃油中石蜡与硫的含量高，易对发动机造成损害。

(4) 每日作业完，要对燃油箱加满燃油，防止油箱内壁产生水滴；每日作业前，打开燃油箱底的放水阀放水；在发动机燃料用尽或更换滤芯后，须排尽管路中的空气。

2. 其他用油的管理

其他用油包括发动机油、液压油、齿轮油等，不同牌号和不同等级的用油不能混用，表 2—4 为挖掘机其他用油的选用情况。

表 2—4 挖掘机其他用油的选用

<table>
<tr><th>容器</th><th>外界温度/℃</th><th>油液种类</th><th>更换周期/h</th><th>更换量/L</th></tr>
<tr><td rowspan="5">发动机油底壳</td><td>−35～20</td><td>CD SAE 5W-30</td><td rowspan="5">250</td><td rowspan="5">24</td></tr>
<tr><td>−20～10</td><td>CD SAE 10W</td></tr>
<tr><td>−20～40</td><td>CD SAE 10W-30</td></tr>
<tr><td>−15～50</td><td>CD SAE 15W-40</td></tr>
<tr><td>0～40</td><td>CD SAE 30</td></tr>
<tr><td>回转机构箱</td><td rowspan="6">−20～40</td><td>CD SAE 30</td><td rowspan="2">1 000</td><td>5.5</td></tr>
<tr><td>减振器壳体</td><td>CD SAE 30</td><td>6.8</td></tr>
<tr><td rowspan="3">液压油箱</td><td>CD SAE 10W</td><td rowspan="3">5 000</td><td rowspan="3">PC200 型：239
PC220 型：246</td></tr>
<tr><td>CD SAE 10W-30</td></tr>
<tr><td>CD SAE 15W-40</td></tr>
<tr><td>终传动</td><td>CD SAE 90</td><td>1 000</td><td>5.4</td></tr>
</table>

3. 润滑油脂的管理

采用润滑油（黄油）可以减少运动表面的磨损，减小噪声。存放保管润滑脂时，严防其内混入灰尘、砂粒、水及其他杂质。

4. 滤芯的保养

滤芯能起到过滤油路或气路中杂质的作用，阻止杂质侵入系统内部而造成故障。要定期更换各种滤芯，更换时应检查是否有金属附着在旧滤芯上，如有应及时采取措施。

5. 定期保养的内容

（1）新机工作 250 h 后，就应更换燃油滤芯和附加燃油滤芯；并检查发动机气门的间隙。

（2）启动发动机前的检查项目：检查冷却液的液面位置高度；检查发动机机油油位；检查燃油油位；检查液压油油位；检查空气滤芯是否堵塞；检查电线、喇叭是否正常；检查铲斗的润滑情况；检查油水分离器中的水和沉淀物情况等。

（3）每 100 h 保养项目：检查动臂缸缸头销轴、动臂脚销、动臂缸缸杆端，斗杆缸缸头销轴，动臂、斗杆连接销，斗杆缸缸杆端，铲斗缸缸头销轴，斗杆、铲斗缸缸杆端，斗杆连杆连接销；检查回转机构箱内的油位等。

（4）每 250 h 保养项目：检查终传动箱内的油位；检查蓄电池电解液；更换发动机油底壳中的油，更换发动机滤芯；检查风扇传动带的张紧度等。

（5）每 500 h 保养项目：更换燃油滤芯；检查回转小齿轮润滑脂的高度；检查和清洗散热器散热片、油冷却器散热片和冷凝器散热片；更换液压油滤芯；更换终传动箱内的油（仅首次在 500 h 时进行，以后每 1 000 h 一次）；清洗空调器系统内、外部的空气滤芯；更换液压油通气口滤芯等。

（6）每 1 000 h 保养项目：更换回转机构箱内的油；检查减振器壳体的油位；检查涡轮增压器的所有紧固件；检查涡轮增压器转子；检查发电机传动带的张紧度并及时更换；更换防腐蚀滤芯；更换终传动箱内的油等。

（7）每 2 000 h 保养项目：清洗液压油箱滤网；清洗、检查涡轮增压器；检查发电机、启动电动机；检查发动机气门间隙；

检查减振器等。

(8) 每 4 000 h 以上的保养项目：每 4 000 h 检查水泵；每 5 000 h更换液压油。

(9) 长期存放：机器长期存放时，为防止液压缸活塞杆生锈，应把工作装置着地放置；整机洗净并干燥后，存放在室内干燥的环境中；存放前将燃油加满燃油箱，润滑各部位，更换液压油和机油，将液压缸活塞杆外露的金属表面涂一薄层黄油，拆下蓄电池的负极接线端子，或将蓄电池卸下单独存放；根据最低环境温度，在冷却水中加入适当比例的防冻液；每月启动发动机一次并操作机器，以便润滑各运动部件，同时给蓄电池充电，打开空调制冷运转 5～10 min 等。

模块二　推　土　机

推土机（见图 2—13）是一种在拖拉机上装有推土铲刀等工作装置的土石方机械，其构造简单，操作灵活，运转方便，所需作业面较小，功率大，能爬 30°左右的缓坡。适用于施工场地的清理和平整，开挖深度不超过 1.5 m 的基坑以及对沟槽的回填土，填筑高度在 1.5 m 以内的路基、堤坝等。

图 2—13　推土机

一、推土机的分类

推土机有多种分类方法，见表 2—5。

表 2—5　　推土机的分类

分类要素	形式
行走机构	履带式和轮胎式
动力传动方式	机械式、液压机械式和全液压式
工作装置	直铲、角铲、U 形铲等
发动机功率	轻型（30～74 kW）、中型（75～220 kW）、大型（220～520 kW）和特大型（>520 kW）
用途	通用型和专用型；专用型推土机用于特殊情况，如湿地推土机和无人驾驶推土机等

二、推土机的施工方式

推土机的生产效率主要取决于推土铲刀推移土的体积及切土、推土、回程等工作的循环时间。为了提高推土机的生产效率，缩短推土时间和减少土的散失，常用以下几种施工方法。

1. 下坡推土

推土机顺地面坡度沿下坡方向开行切土与推进，借助机械本身的重力作用，可增大切土深度和运土数量，缩短铲土时间，如图 2—14 所示。

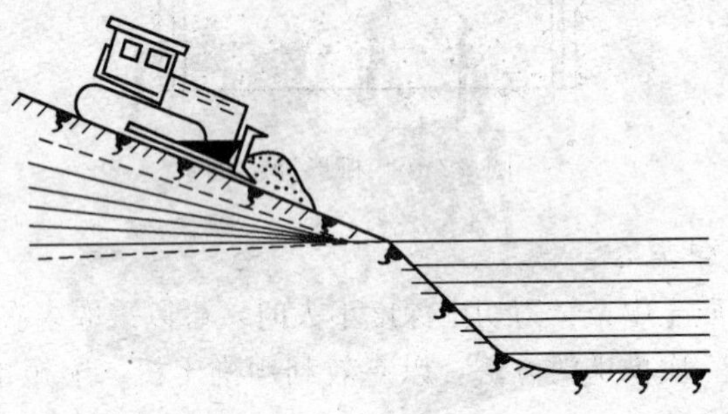

图 2—14　下坡推土

2. 并列推土

当平整场地的面积较大时，可用 2～3 台推土机并列作业，铲刀宜相距 150～300 mm，如图 2—15 所示。这样可以增大推土量，减少土的散失。但平均运距不宜超过 70 m，且不宜小于 20 m。

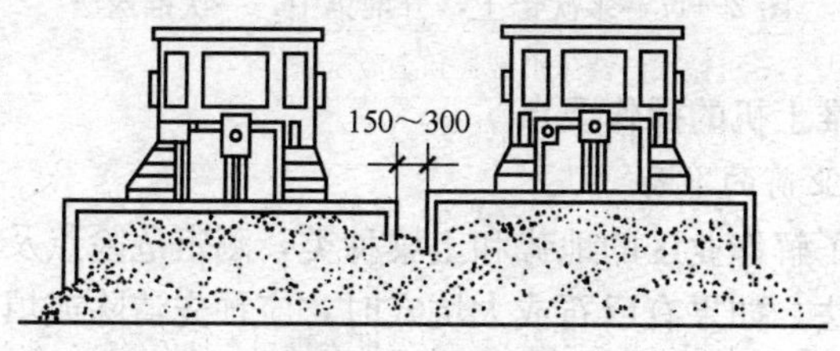

图 2—15　并列推土

3. 槽形推土

推土机重复多次在一条作业线上切土和推土，使地面逐渐形成一条浅槽，以减少土从铲刀两侧流散，这样可以增加推土量 10%～30%，如图 2—16 所示。

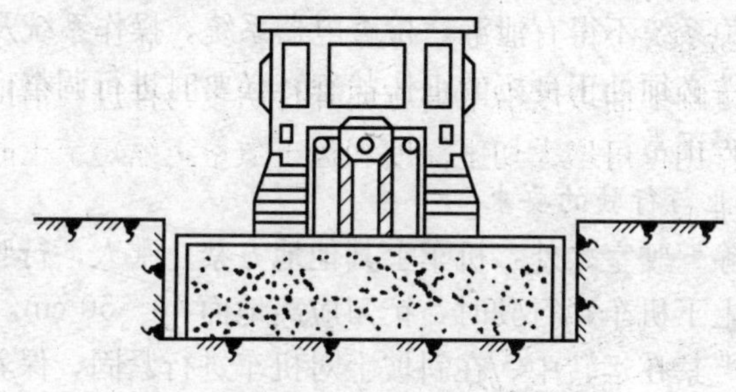

图 2—16　槽形推土法

4. 多铲集运

在硬质土中，铲刀切土深度不大时，可以采取多次铲土，分堆集中，一次推送的方法，以有效利用推土机，缩短推土时间，如图 2—17 所示。

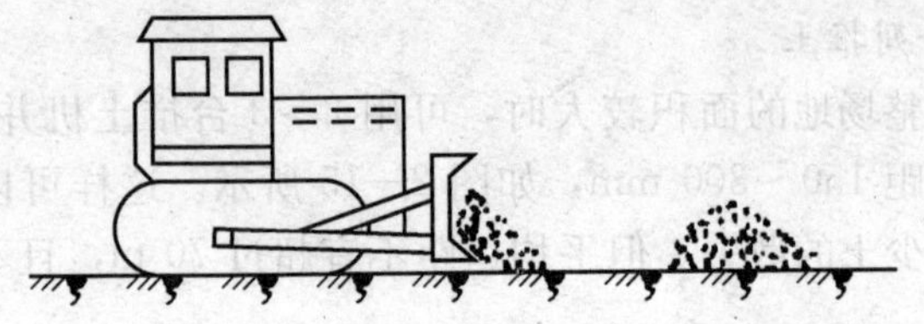

图 2—17　多次铲土，分堆集中，一次推送法

三、推土机的操作要点

1. 作业前的准备

（1）了解作业区的地势和土壤种类，测定危险点及选定最佳的操作方法。如果有巨石或大坑穴时，应预先清除或填平。

（2）启动前，应将所有的控制杆件置于“中间”或“固定”位置。

（3）检查各系统管路应无裂纹和渗漏，各部螺栓连接件应紧固；各操纵杆和制动踏板的行程、履带的松紧度、轮胎气压等应符合要求；绞盘、液压缸等处应无污染。

（4）检查燃油、润滑油、水及其相关系统，其量必须符合要求，其相关系统不得有泄漏；检查电器系统、操作系统及工作装置，各部件必须处于良好的工作状态，必要时进行调整；并检查各仪表是否正常。

2. 作业与行驶的要求

（1）除驾驶室之外，机车上其他地方禁止乘人；行驶中，任何人不得上下机车；行驶时，铲刀应离地面 40～50 cm。

（2）严禁在运转中、在斜坡上对机车进行紧固、保养润滑和修理。

（3）上下斜坡时，先选择最合适的斜坡运行速度，均应用低速挡行驶。在斜坡上不得改变速度，应直线上行或下行，不得横向或对角线行驶，下坡时禁止空挡滑行或高速行驶；下陡坡时应放下推土铲使之与地面接触，倒退下坡；上下坡度不得超过 35°，横向行驶的坡度不得超过 10°。避免在斜坡上转弯掉头。轮胎推土机不得在坡度较大的场地作业。

（4）在坡地工作时，若发动机熄火，应立即将推土机制动，用木楔等将推土机履带楔紧后，将离合器杆置于脱开位置，变速杆置于空挡位置，方可启动发动机，以防推土机溜坡。

（5）工作中驾驶员离开驾驶室时，必须将操纵杆置于空挡位置，将推土机铲放下，并将机器制动和关闭发动机后，方可离岗。

（6）在危险或视线受限的地方，一定要下机检视，确认能安全作业后，方可继续工作，严禁推土机在倾斜的状态下爬越障碍物；爬越障碍物时，必须低速行驶，不得采用斜行或脱开一侧转向离合器超越。

（7）避免突然启动、加速或停止；避免高速行驶或急转弯。在浅水地带行驶和作业时，必须查明水深，应以冷却风扇叶不接触水面为限。下水前和出水后，均应对行走装置加注润滑脂。

（8）填沟或回填土时，禁止推土机铲超出沟槽边缘，可用一铲顶一铲的推土方法填土，并换好倒车挡后，才能提升推土铲进行倒车；在深沟、陡坡的施工现场作业时，应由专人指挥，以确保安全。

（9）多台推土机在施工现场联合作业时，前后距离应大于8 m，左右距离应大于1.5 m；若工程需要并铲作业时，必须用机械性能良好、机型相同的推土机，驾驶员必须技术熟练，雾天作业时必须打开车灯。

（10）在垂直变坡的沟槽作业时，对于大型推土机，沟槽深度不得超过2 m；对于小型推土机，沟槽深度不得超过1.5 m。若超过上述规定值，必须按规定对推土机加设安全装置或采取其他安全措施后，方可进行施工。

（11）轮胎推土机用于除冰、除雪作业时，要加装轮胎防滑链；用于清除石料作业时，要加装轮胎保护链。

（12）清除高过机体的建筑物、树木和电线杆时，应根据电线杆等的结构、埋入深度和土质情况，使其周围留有一定量的安全土堆；对于超过380 V的高压电线杆，其周围保留的土堆量应由电业部门或电业专业人士确认。

（13）在爆破现场作业时，爆破前，必须把推土机开到安全地带；操作人员必须了解现场有无瞎炮等情况，确认安全后，方可将推土机开入现场；若发现有不安全之处，必须待处理后再进行作业。

（14）履带推土机不得长距离行驶，将其长距离转移时，必须用平板车装运；装运时变速杆应处于空杆位置，制动杆、安全锁杆必须处于锁住位置，并用垫木将履带楔紧，用强度足够的铁丝将机体固定。特殊情况需要长距离行驶时，应采取防护措施，并注意对行走装置加注润滑油。

3. 作业后的要求

（1）推土机应停放在平坦、坚实安全、不妨碍交通的地方，冬季应选择背风向阳的地方停放，并将发动机朝阳，铲刀放下着地。

（2）熄火前应使发动机怠速5 min，将变速杆置于空挡位置，并将制动、安全锁杆置于锁住位置。

（3）停机时应将推土机开到平坦、安全之处，先脱开离合器，落下刀片；再锁住自动踏板，将主离合器操纵杆、变速杆置于空挡，关闭内燃机，锁好门窗。

四、推土机的维护与保养

对推土机实行定期的维护与保养，以减少机器的故障，延长机器的使用寿命，提高工作效率，降低作业成本。

1. 每日保养项目

（1）检查有无油、水、气的渗漏及机件过热现象。

（2）检查柴油机机油、冷却液和液压油液位。

（3）检查轮胎气压及损坏情况。

（4）检查仪表和照明情况。

(5) 对各铰接点压注黄油。

2. 每 50 h 保养项目

(1) 检查前后传动轴处的连接螺栓的紧固情况。

(2) 检查变速箱的油位。

(3) 检查、调整脚制动和手制动，并检查制动加力器的油量。

(4) 检查油门操纵变速系统。

3. 每 100 h 保养项目

(1) 更换变速箱油（之后每 600 h 更换），清洗油底壳滤网。

(2) 更换发动机机油（之后每 600 h 更换）。

(3) 检查电瓶液液位，在电瓶接线头涂抹凡士林。

(4) 检查轮辋与制动盘螺栓、桥螺栓的紧固情况。

(5) 检查各连接螺栓的紧固情况。

4. 每 200 h 保养项目

(1) 检查前后桥油位。

(2) 清洗空气滤清器（必要时更换滤芯）。

(3) 清洗机油、柴油、变速箱油滤清器。

(4) 测量轮胎气压，应为 0.27～0.31 MPa。

(5) 检查工作装置、前后车架焊缝是否开裂。

(6) 检查发电机、风扇传动带的松紧度。

5. 每 600 h 保养项目

(1) 更换前后桥齿轮油（之后每 1 000 h 更换）。

(2) 清洗柴油箱的吸油滤网。

(3) 清除水箱、散热器表面的污染物。

(4) 更换发动机机油，更换机油、柴油油滤清器。

(5) 更换变速箱油和油滤清器。

(6) 检查发动机气门间隙。

6. 每 1 200 h 保养项目

(1) 更换液压油，清洗或更换油滤清器，清洗油箱。

(2) 检查发动机的运转情况。

(3) 检查液压系统的工作情况。

(4) 检查转向系统的性能。

(5) 检查制动系统的性能，更换刹车油。

7. 每 2 400 h 保养项目

(1) 对发动机进行维修。

(2) 对变速箱、变矩器进行解体检查。

(3) 对前后桥进行解体检查。

(4) 检查整机各部位的焊缝。

第三单元　运 输 机 械

培训目标：

1. 了解土石方运输机械的类型及工作特点。
2. 熟练掌握运输机械的操作要点及操作注意事项。

模块一　装　载　机

装载机（见图 3—1）是一种高效的挖运综合作业机械，主要用来铲、装、卸、运土和石料一类的散状物料，也可以对岩石、

图 3—1　装载机

硬土进行轻度铲掘作业。如果替换不同的工作装置，还可以完成推土、起重、装卸其他物料的工作。在公路施工中，装载机主要用于路基工程的填挖，沥青和水泥混凝土料场的集料、装料等作业。由于它具有作业速度快、机动性好、操作轻便等优点，因而发展很快，成为土石方施工中的主要机械。

一、装载机的分类与构造

装载机按行走方式分为轮胎式和履带式两种；按卸料方式分为前卸式、后卸式和回转式三种。目前使用最多的是四轮驱动铰接转向的轮式装载机，其铲斗多为前卸式，有的还兼具侧卸功能，如图 3—2 所示，其主要组成构件有装载斗、活动臂、臂杆油缸、操作台等。

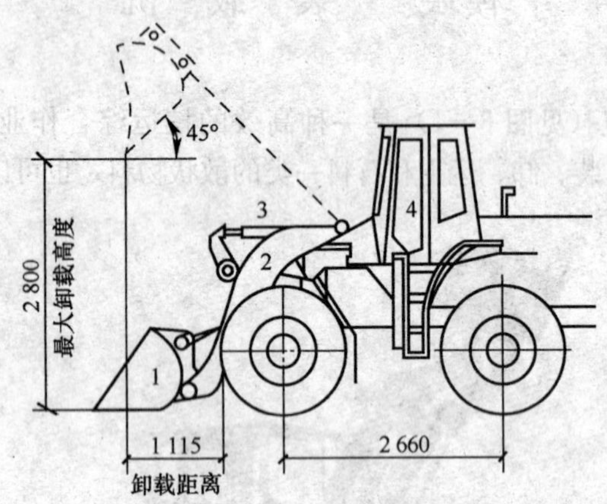

图 3—2　装载机的结构

1—装载斗　2—活动臂　3—臂杆油缸　4—操作台

二、装载机的操作要点

1. 开车前的准备工作

(1) 检查工作面是否有安全隐患和道路的平整情况，有问题及时处理。

(2) 检查液压系统油箱的油面，不能低于油标。检查各润滑点的润滑情况是否良好。

(3) 检查刹车油、轮胎气压是否足够，检查电缆固定处是否牢靠，接地线是否完好。

2. 开车操作

(1) 检查各操作手柄是否在正常位置上，确定无误后，方可合上主开关。

(2) 接通电源后，一定要先通知装载机周围的人员撤至安全地带，然后再启动装载机。启动后检查仪表读数是否正常，各部位有无异常声响，制动是否可靠，液压系统是否漏油等。

(3) 小心驾驶，尤其在道路狭窄地段或急转弯地段应缓慢低速行驶，严禁装载机碰撞两旁支柱或边帮。

(4) 在整个铲装过程中，要合理使用铲斗操纵杆和加速机构，使所有轮胎都在运行中，防止打滑或空转。

(5) 装载机后退时，应避免机身轴线与排出的拖曳电缆夹角小于 90°；前进时，应保证缠绕在滚筒上的剩余电缆有三圈以上，以防止损坏电缆或拉脱滑环装置。

(6) 上坡或下坡时，铲斗端应总是指向坡底，在情况危险时，可以放下铲斗来帮助装载机停止。

(7) 遇故障或包扎电缆接口时，应断开主电源，严禁带电作业。

3. 作业后的要求

(1) 将装载机停放在无松石、无滴水、无天井垮塌、无爆破作业砸坏等情况发生的安全处。将各操纵杆复位，动臂置于底部，铲斗下翻并接触地面，将停车闭锁置于锁定位置。

(2) 断开车上电源开关及主电源开关。将装载机停放在平地上；若停放在斜坡上，须用木楔或石块将车轮楔紧。

(3) 拖动装载机时，除正常的拖挂或用拉杆之外，还应加用安全链条或钢丝绳索；长距离牵引时，必须断开驱动系统。

三、装载机的维护与保养

根据装载机作业时间的长短、作业环境以及实际使用状况，对其维护与保养有如下内容。

1. 每日维护

由驾驶员自行完成，在每日开车前和收车后进行。作业内容有：

（1）检查发动机的机油液面。低于油标尺刻线，应加油；高于油标尺刻线，应找出油增多或被稀释的原因。

（2）检查燃油箱内的燃油液面。

（3）检查发动机、变矩器、液压泵及转向器的紧固、密封情况，以及是否有过热现象。

（4）检查有无漏油、漏水、漏气、漏液、漏电等情况。

（5）检查传动轴处的紧固螺栓有无松动或损失现象。

（6）保持车身清洁，无油污、泥土、杂物等。

（7）检查整机各处有无异响、抖振等不正常现象。

2. 每周维护

由专业维修人员每周进行一次，除完成每日维护内容外，还应完成以下内容：

（1）按规定的部位和规定的油（脂）牌号加油。

（2）清洗机油粗滤器、燃油粗滤器和空气滤清器滤芯。

（3）检查并调整风扇、发电机传动带的松紧程度。

（4）检查并添加喷油泵体内的机油。

（5）检查蓄电池的电解液液面及其密度。电解液液面应在极板上 10～15 mm 处，电解液不足时应添加蒸馏水。

（6）检查并调整各踏板的自由行程。

（7）检查油门、变速器等操纵杆系有无卡滞、不灵活等现象。

3. 每月维护

由专业维修人员每月进行一次，除完成日、周维护作业内容外，还应完成以下内容：

（1）清洗机油细滤器和燃油细滤器滤芯。

（2）检查轮胎气压及磨损情况。气压应为 0.27～0.39 MPa，在松软地面上作业时取下限值。

（3）检查车架、工作装置等受力较大部位的焊缝是否脱焊、有无裂纹等现象。

模块二　铲　运　机

铲运机是一种能独立完成铲土、运土、卸土、填筑、整平的土石方机械。铲运机按行走方式可分为自行式铲运机（见图 3—3a）和拖式铲运机（见图 3—3b）两种；按铲斗的操纵方式可分为索式和油压式两种。

a) 自行式铲运机

b) 拖式铲运机

图 3—3　铲运机

铲运机的工作装置主要是铲斗，铲斗前方有一个能开启的斗门，铲斗前设有铲土刀片。切土时，打开斗门，并使铲斗下降，刀片切入土中；前进时，被切下的土挤入铲斗，提起装满后的铲斗，并关闭斗门，将土运至卸土地点。

自行式铲运机的行驶和工作都靠其自身的动力装置，可适用于运距为 800～3 500 m 的大型土石方工程的施工，以运距在 800～1 500 m 的范围内生产效率为最高；拖式铲运机适用于运距为80～800 m 的土石方工程的施工，而运距在 200～350 m 时效率最高。铲运机对行驶道路要求低，行驶速度快，操纵灵活，易于控制运行路线，生产效率高。一般适用于含水量不大于27%的一至三类土的直接挖运，对于硬土需用松土机预松后才能开挖，不适于在砾石层、冻土地带及沼泽区施工。

一、铲运机的施工特点

1. 铲运机的开行路线

铲运机由挖土至卸土运行的循环路线称为开行路线，开行路线选择得合理与否将直接影响生产效率，故应根据挖、填方区的分布预先合理选择。铲运机的开行路线一般有以下几种：

（1）环形路线。对于地形起伏不大，而施工地段又较短和填方量不大的场地平整工程宜采用如图 3—4a、b 所示的环形路线，环形路线每一循环只完成一次铲土和卸土。当挖土和填土交替，且互相距离又较短时，则可采用大环形路线，如图 3—4c 所示，其优点是每一循环可以完成两次或多次铲卸作业，减少了铲运机的转弯次数，从而可提高工作效率。采用环形路线，应每隔一定时间变换铲运机的运行方向，避免始终向一侧转弯，以防铲运机定向转弯造成机件的单侧磨损。

（2）“8”字形路线。对于地形起伏较大或施工地段较长的场地平整工程宜采用“8”字形路线（见图 3—4d）。这种开行路线的优点是：铲运机上坡取土时是斜向开行，这样可减小坡度的影响；由于每一循环能完成两次铲卸作业，所以“8”字形路线比

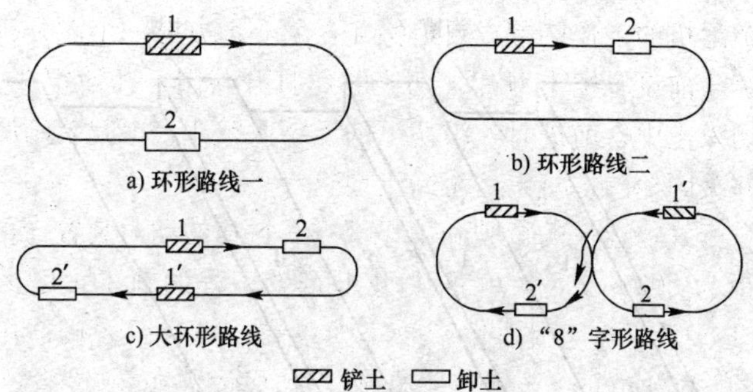

图 3—4 铲运机的开行路线

环形路线运行时间短，即减少了转弯次数及空驶距离，从而可提高生产效率；由于每一循环铲运机沿两个方向转弯，所以对机件的磨损也比较均匀。

2. 提高铲运机生产效率的措施

(1) 下坡铲土法。利用地形使铲运机进行下坡铲土，借助铲运机的自重加大铲斗的切土深度，缩短铲土的时间，如图 3—5 所示。

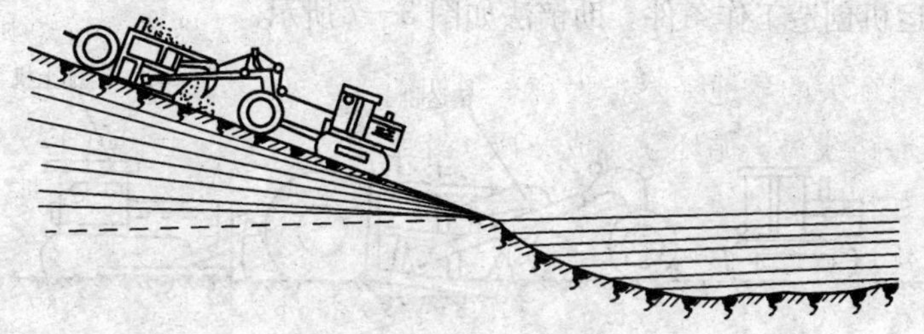

图 3—5 下坡铲土法

(2) 跨铲法。使铲运机间隔铲土，并预留土埂。这样在间隔铲土时由于形成一个土槽，减少了向外散土量；铲土埂时，铲土阻力减小。一般土埂高不大于 300 mm，宽度不大于铲运机两履带间的净距。跨铲法如图 3—6 所示。

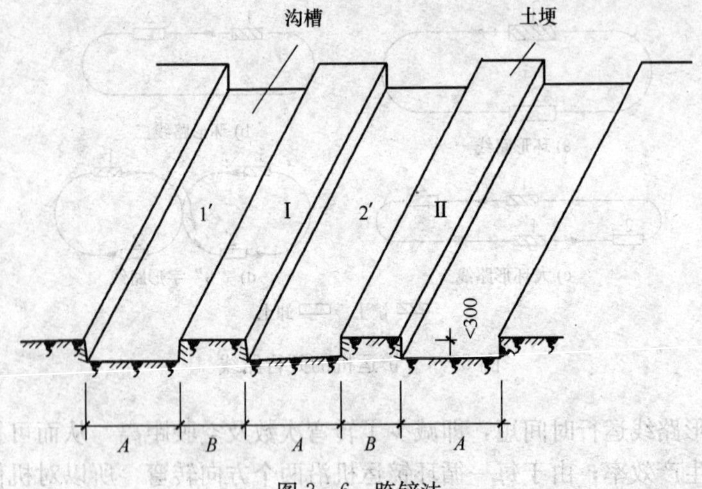

图 3—6 跨铲法

A—铲刀宽 *B*—不大于铲运机两履带净距

(3) 助铲法。地势平坦、土质较硬时，可用推土机在铲运机后助推，以提高铲刀切削力，加大铲土深度，缩短铲土时间，提高生产效率。推土机在助铲的空隙，可兼做松土或平整工作，为铲运机创造工作条件。助铲法如图 3—7 所示。

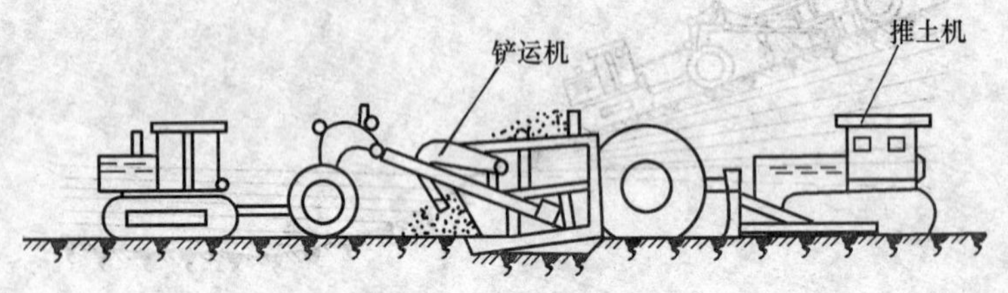

图 3—7 助铲法

二、铲运机的操作要点

1. 开车前的准备工作

(1) 检查轮胎螺栓是否松动，各紧固件是否松脱，油封、接头、管路等是否渗漏，如发现问题、应及时解决。

(2) 检查各润滑点是否按规定注油；液压油箱的油量是否充足、有无气泡；并操纵液压操纵手柄使铲斗、斗门及卸土装置上、下、前、后运动，检查运动是否灵活，有无卡滞现象或其他异常响声。

(3) 检查各连接件、易损件是否磨损、变形。

(4) 检查工作面的安全隐患和道路的平整情况，有问题及时处理。

(5) 检查电缆固定处是否牢靠，接地线是否完好。

2. 开车操作

(1) 检查各操作手柄是否在正常位置上，确认无误后方可合上主开关。接通电源后，一定要先通知铲运机周围的人员撤至安全地带，然后再启动铲运机。

(2) 启动后检查仪表读数是否正常，各部位有无异常声响，制动是否可靠，液压系统是否漏油等。

(3) 谨慎驾驶，尤其在道路狭窄地段或急转弯地段应缓慢低速行驶，严禁铲运机碰撞两旁支柱或边帮。在整个铲装过程中，要合理使用铲斗操纵杆和加速机构，使所有轮胎都在运行中，防止打滑或空转。

(4) 铲运机后退时，应避免机身轴线与排出的拖曳电缆夹角小于 90°；前进时，应保证缠绕在滚筒上的剩余电缆有三圈以上，以防止损坏电缆或拉脱滑环装置。

(5) 上坡或下坡时，铲斗端应总是指向坡底；在危险情况时，可以放下铲斗来帮助铲运机停止。

(6) 遇故障或包扎电缆接口时，应断开主电源，严禁带电作业。

(7) 在泥泞地带作业时，要经常清理和冲洗侧板与油管上的泥土。

3. 作业后的要求

(1) 将铲运机停放在无松石、无滴水、无天井垮塌、无爆破作业砸坏等情况发生的安全处。

(2) 将各操纵杆复位，动臂置于底部，铲斗下翻并接触地面，将停车闭锁置于锁定位置。

(3) 断开机车上电源开关及主电源开关。

(4) 拖动铲运机时，除正常的拖挂或使用拉杆之外，还应加用安全链条或钢丝绳索；长距离牵引时，必须断开驱动系统。

(5) 铲斗不要搁置在泥泞、潮湿的地带，以免增加锈蚀；搁置时，最好用木块垫离地面。

三、铲运机的维护与保养

1. 定期（240～5 000 h）维护与保养

(1) 当作业 240～250 h，应检查铲刀的磨损程度，并酌情调整或更换。检查轮胎气压、车轮轴承间隙，必要时进行调整，并加注润滑脂。

(2) 当作业 480～500 h，除进行上述保养外，还须详细检查各部件是否变形或损坏，检查所有衬套、销轴等活动关节，更换磨损机件。

(3) 作业 1 480～1 500 h，应进行全面检查，并清洗各润滑点，更换磨损严重的机件，检查机构的焊接部位，发现开焊、裂纹应及时焊修。

(4) 做好 5 000 h 后的技术保养工作。

(5) 更换磨损、损坏的部件，必要时可将铲运机送交修理厂大修。

2. 长期维护与保养

(1) 仔细清除铲运机上的泥土、灰土。

(2) 对所有摩擦部位均应涂润滑油，对拉杆外露表面应擦油防锈。

(3) 对涂漆的零件表面的油漆剥落，应先除锈后再重新油漆。

(4) 放出液压缸中的所有旧油，用煤油清洗干净，取下油管，洗净后吹干，使其经常保持干燥状态。对油缸和输油管上所有敞口处，均用木塞堵住，或用布、纸将敞口包好，敞口不能长期外露，以防水和灰尘进入。

（5）长期停放，应将铲运机放下垫平，卸去轮胎，按储存轮胎的方法进行保管。

（6）在有条件的地方，铲运机若长期停放，最好存入库房，盖上油布。

模块三　自卸汽车

随着施工作业机械化程度的提高和大型挖掘机械的投入使用，使得自卸汽车已逐渐向系列化和重型化方向发展。目前，载重量为10～45 t级的自卸汽车已在土石方工程中得到了广泛的应用。

自卸汽车是指车厢配有自动倾卸装置的汽车，又称为翻斗车、工程车，是土石方工程常用的运输机械。它由汽车底盘、液压举升机构、取力装置和货厢组成，如图 3—8 所示。在土石方施工中，常同挖掘机、装载机等联合作业，进行土方、砂石、松散物料的装卸和运输。由于自卸汽车的车厢能自动倾翻卸料，因而大大缩短了卸料的时间，提高了劳动生产率，降低了工程的成本。

一、自卸汽车的分类

1. 按载重量分

（1）轻型：载重量为 2 t 以下，用轻型汽车底盘装配。

（2）中型：载重量为 2.5～8 t，用普通载重汽车底盘装配。

（3）重型：载重量为 8 t 以上，双轴车载重量为 15 t 以上，三轴车载重量为 19 t 以上。

（4）超重型：一般载重量为 20 t 以上。

图 3—8　自卸汽车

2. 按车厢的倾卸方向分

(1) 后倾卸式：仅能向后面倾卸。

(2) 侧倾卸式：仅能向左右两侧倾卸。

(3) 三面倾卸式：可根据需要向后或左、右倾卸。

(4) 底卸式：可由车厢底卸料。

二、自卸汽车参数的计算

1. 自卸汽车的生产效率

自卸汽车的生产效率可用下面的公式计算：

$$P_s = 8P_j k_t$$

式中　P_s——自卸汽车的生产效率，m^3/台班或 t/台班；

P_j——技术生产效率，m^3/h 或 t/h；

k_t——时间利用系数，单班制取 0.85，两班制取 0.8，三班制取 0.75。

2. 自卸汽车的需用量

自卸汽车的需用量可用下面的公式计算：

$$N=G/(WP_s\eta)$$

式中 N——汽车需用量，台（取整数）；

G——计划时段内运输的方量，m^3或 t；

W——计划时段内制度台班数；

P_s——汽车生产效率，m^3/台班或 t/台班；

η——汽车利用率，可取 0.4～0.8。

三、自卸汽车的安全操作技术

1. 启动前检查灯光、喇叭、指示仪表等是否齐全完整；燃油、润滑油、冷却水等应添加充足；各连接件不得松动；轮胎气压应符合要求；燃油箱应加锁；确认各项无误后，方可启动。

2. 启动后，应观察各仪表指示值，检查内燃机运转情况，测试转向机构及制动器等的性能，确认各项正常并待水温达到40℃以上、制动气压达到安全压力以上时，方可低挡起步。

3. 行驶过程中，应根据车速与前车保持适当的安全距离，选择较好的路面行进，避开石块、铁钉或其他尖锐铁器。遇有凹坑、明沟或穿过铁路时，应提前减速，缓慢通过。

4. 下坡前换入低速挡，不得中途换挡。下坡时，应以内燃机阻力控制车速，必要时可间歇轻踏制动器。严禁踏离合器或空挡滑行。

5. 在泥泞、冰雪道路上行驶时，应降低车速，宜沿前车辙迹前进，必要时应加装防滑链。当车辆陷入泥坑、沙窝时，不得采用猛松离合器踏板的方法来冲击起步。

6. 通过危险地带或狭窄便桥时，应先停车检查，确认可以通过后，再由有经验的人员指挥前进。

7. 在坡道上停放时，下坡停放应挂上倒挡，上坡停放应挂上一挡，并应用木楔等楔紧轮胎。

8. 应保持顶升液压系统完好，工作平稳，操纵灵活，不得有卡阻现象。各节液压缸表面应保持清洁。

9. 配合挖装机械装料时，自卸汽车就位后应拉紧驻车制动器，将铲斗越过驾驶室时，驾驶室内严禁有人。

10. 卸料前，车厢上方应无电线或障碍物，四周应无人员来往；卸料时，应将车停稳，不得边卸边行驶。举升车厢时，应使内燃机中速运转；当车厢升到顶点时，应降低内燃机转速，减小车厢振动。

11. 卸料后，应及时使车厢复位后，方可起步；不得在车厢倾斜时行驶。严禁在车厢内载人。

四、自卸汽车的保养

1. 保养的基本常识

（1）经常擦洗，保持车内清洁。

（2）在雨雪天时，应将自卸汽车存入有空调的车库里，并每月做保养。

（3）建议在不用自卸汽车时，应经常给车涂抹黄油，特别对液压缸要勤涂抹。

（4）车出现小问题要及时解决。

2. 新车保养

（1）检查液压油箱中的油量是否充足，否则须按规定的油料牌号要求加足油量。同时检查手动操纵阀、气路是否漏气，液压系统的油路是否有渗漏。

（2）在空载情况下，按倾卸机构升降的操作程序进行升降试验。

（3）在升降过程中，注意检查液压缸、齿轮泵、操纵阀等部件的工作是否正常，如液压升降时是否有卡滞、窜动、弹跳及异响等。

（4）经过空载 8～10 次升降试验后，可认为工作正常；在无渗漏油、气的情况下，可视为倾卸性能良好。

（5）对新车第一次加油，一定要加到油枪“跳枪”，一旦油枪“跳枪”，就不要再加。此举是为了检验新车油表是否准确。

第四单元　压 实 机 械

培训目标：

1. 了解压实机械的类型及工作特点。

2. 熟练掌握压实机械的操作要点及操作注意事项。

模块一　压实机械的选用

在建筑工程中，很多情况下需要进行土方的填筑与压实，如地基土的压实、基础回填、室内回填、室外散水、坡道及台阶的压实等。为满足填方工程的强度和稳定性要求，必须正确选择填土料、压实方法和机械。

一、土料的选择

1. 碎石类土、砂土和爆破土渣，可作为表层下的填土料。

2. 含水量符合压实要求的黏性土可作为各层的填土料。

3. 淤泥和淤泥质土一般不作为填土料，但经处理后，可作为填料中的次要部分。

4. 有机物含量大于8%的耕植土、冻土、杂填土等都不能作为填土料。

二、压实方法

填土的压实方法一般有夯击压实、振动碾压、静力碾压三种。

1. 夯击压实

夯击压实是利用夯锤的冲击力使填土压实，多用于小面积填土工程，可分为振动夯击和冲击夯实。振动夯击压实机械适用于砂质黏土、砾石、碎石的夯实；冲击夯实机械适用于黏土、沙质土和灰土的夯实。常用的机械有蛙式打夯机、柴油打夯机、电动立夯机及夯锤等。

2. 振动碾压

振动碾压是利用振动碾或平板振动器使填土压实，主要用于非黏性土的压实。振动碾可分为自行式和牵引式两类，前者将牵引机械和压实滚筒连为一体，体积小、运行灵活、生产效率高，是常用的压实机具；后者多由履带式拖拉机牵引作业，在土石坝等工程中得到广泛的应用。常用的碾压机械有振动冲击夯、振动板等。

3. 静力碾压

静力碾压机械是利用沉重的滚轮压力使填土压实，适用于大面积填土压实工程。常用的静力碾压机械有平碾（压路机）、羊足碾和气胎碾等。

模块二　蛙式打夯机

夯实机械是利用夯本身的质量和夯的冲击运动和振动，对被压实的材料施加动压力，以提高其密实度、强度和承载力等的压实机械。它的主要特点是轻便灵活，特别适用于压实边坡、沟槽、基坑等狭窄场所，也可在大型工程中与其他压实机械配套使用，完成边角区域的压实。

蛙式打夯机（见图 4—1）是目前使用最为广泛的一种压实机械，它具有操作方便、结构简单、经久耐用、夯实效果好、容易维修、价格低廉等优点。

一、蛙式打夯机的构造及原理

蛙式打夯机由夯头、动力和传动系统、托盘三部分组成，如

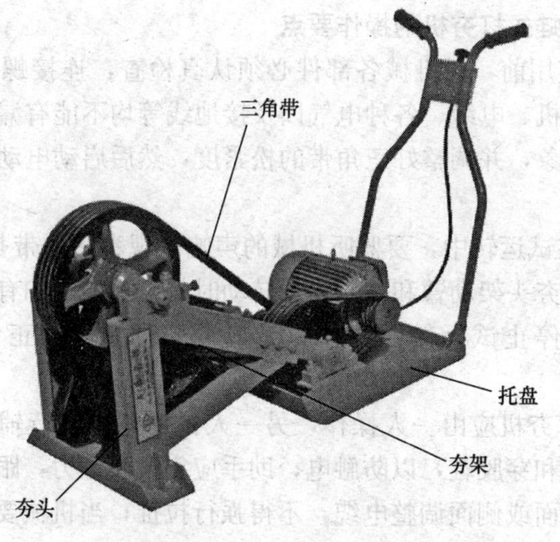

图 4—1　蛙式打夯机

图 4—1 所示。电动机经过二级减速，使夯头上的大带轮旋转，利用偏心块在旋转中产生的能量，使夯头有节奏的夯击；在夯击的同时，夯实机也能自行前进。这种机械的操作简单，尤其对零星分散或边角部分的夯实反应灵活。其要求虚铺土厚一般为20～25 mm。

二、蛙式打夯机的技术参数

蛙式打夯机的技术参数见表 4—1。

表 4—1　　蛙式打夯机的技术参数

型号	夯实能量/J	夯板面积/m^2	夯击次数/(次/min)	起跳高度/mm	前进速度/(m/min)	电动机功率/kW	工作质量/kg	外形尺寸/mm
HW-01A	637.7	0.045	140～150	200～260	8～13	3	280	1 220×650×750
HW60	608.2	0.078	140～150	260	8～13	3	280	
HW70	667.08	0.04	120	150		1	130	1 120×500×920
HW170	320	0.078	145		8～13	1.5	170	1 220×650×750

三、蛙式打夯机的操作要点

1. 使用前，对机械各部件必须认真检查，连接螺栓必须紧固，电动机、电缆、各种电气以及接地线等均不能有漏电和连接不良等现象，并调整好三角带的松紧度，然后启动电动机进行试运转。

2. 在试运转中，要监听机械的声响，观察三角带是否跳动，转动轴、夯头架动臂和偏心块等转动时是否摇摆。如有不正常等现象，须停止试运转，并重新予以调整和紧固，正常后方可操作。

3. 打夯机应由一人操作，另一人拉住电缆进行辅助，须戴绝缘手套和穿胶鞋，以防触电；助手应集中注意力，跟随在操作人员的后面或侧面调整电缆，不得强行拉扯；当机械要穿过电缆时，应将电缆举起，绝不允许用手甩电缆，以防被偏心轮铰打造成事故。

4. 操作时，操作人员应集中注意力，观察夯行路线，双手轻轻握住手柄，两肘微弯曲，随夯机直线走；转弯时不能用力过猛，力求缓转，并注意转弯要领；转弯或打偏斜时，应握紧夯柄，用臂力转向，严禁做急转弯动作。

5. 夯实过程中，土层必须摊铺平整，不准有坚石、金属及硬土层。

6. 打夯机扶手应有开关按钮，并包绕绝缘材料。其电源电缆必须完好无损，作业时严禁夯击电源线，移动夯机时，应将电源线移至夯机的后方，并应防止电源线缠绕。

7. 手握扶手时要注意机身的稳定性，不可用力向下压，并随时注意夯击的前进方向，及时加以调整。

8. 在有坡度或松软的地面上须用拉绳打夯时，人应面向打夯机，拉绳要长，不得采取背拉式前进，以防发生事故。

9. 夯实填高土方时，应从距边缘 10～15 cm 处开始，夯实2～3遍后，再夯实边缘。

10. 在室内作业时，应防止夯板或偏心块打在墙壁上。

11. 连续工作一段时间后，应停机检查各部位螺栓是否松动，三角带松紧是否适当，电动机是否发热，如有故障应立即排除。

12. 两台以上蛙式打夯机在同一工作面上作业时，左右间距不得小于 5 m，前后间距不得小于 10 m。

13. 作业后，切断电源，卷好电缆，如有破损应及时修理或更换。机械操作完毕后，必须将打夯机挪至高处，以防积水浸入电动机内，并采取防雨雪措施。

模块三　振动冲击夯

振动冲击夯（见图 4—2）是一种高效的小型夯实机械，主要用于公路、铁路建设，堤坝、建筑工程等工地的基础夯实，也用于室内地面、庭院墙根、道路维修、沟槽等狭窄地段的夯实。振动冲击夯具有体积小、质量轻、操作灵活、维修方便、夯实效果较好等优点。

一、振动冲击夯的构造及原理

振动冲击夯由扶手、电动机、联轴器、传动齿轮、连杆、内外缸等组成，如图 4—3 所示。

振动冲击夯的工作原理：原机动力由离合器传给小齿轮带动大齿轮转动，使安装在大齿轮上的连杆带动活塞杆作上、下往复运动，由于弹簧对其能量的吸收和释放，致使夯板快速跳动，对

图 4—2　振动冲击夯

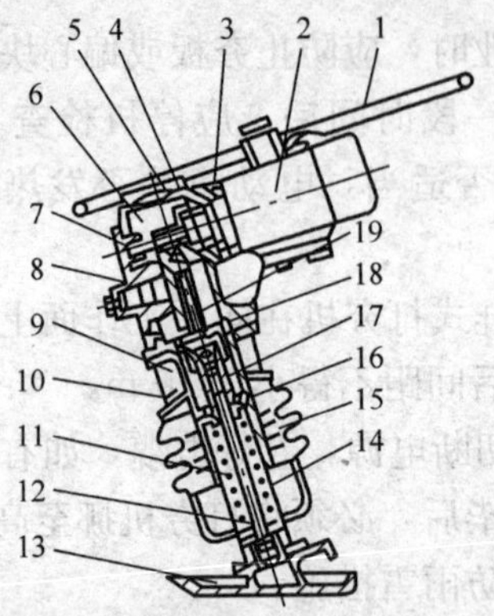

图 4—3　振动冲击夯的结构

1—扶手　2—电动机　3—联轴器　4—油封架　5—小齿轮轴
6—曲轴箱　7—曲轴箱盖　8—大齿轮轴　9—外缸体
10—加油塞　11—内缸体　12—活塞杆　13—夯板
14—弹簧　15—防尘拆箱　16—滑块　17—活塞头
18—活塞销　19—连杆

被夯材料产生冲击作用，从而取得夯实的效果。由于机身和夯板倾斜了一个角度，所以夯机在冲击的同时会自动前进。振动冲击夯就是利用弹簧的伸缩带动整个机身做上下跳动，犹如皮球的弹跳。

二、振动冲击夯的技术参数

振动冲击夯的常用型号有 HCD80、HCD85、HCD90、HCD100 四种，各类夯机的主要技术参数见表 4—2。

表 4—2　　振动冲击夯的技术参数

技术参数	型号			
	HCD80	HCD85	HCD90	HCD100
夯板尺寸/mm	300×280	300×280	300×280	320×310
跳起高度/mm	40～65	40～65	40～65	50～65

续表

技术参数	型号			
	HCD80	HCD85	HCD90	HCD100
冲击能量/（N·m）	56	60	65	68
前进速度/（m/min）	10～13	10～13	10～13	10～13
冲击频率/（次/min）	420～650	420～650	480～650	480～650
电动机功率/kW	2.2	2.2	3	3

三、振动冲击夯的操作要点

振动冲击夯适用于对黏性土、砂及砾石等散状物料的压实，不适于在水泥路面和其他坚硬的地面上作业。

1. 作业前重点检查的项目

（1）检查润滑油

1）发动机润滑油。拧开油标，将油标上机油擦净；将油标插入，检查油面。如果机油不足，须加到规定位置。

2）冲击系统润滑油。更换冲击系统机油时，先将机油排放干净，然后加入机油。

3）推荐使用润滑油。一般推荐使用 SAE10W－30 润滑油，它适合一般环境温度。如果使用单黏稠度的润滑油，选择与使用地区的平均温度相对应的黏稠度。

（2）检查空滤器。查看滤网是否阻塞，海绵是否破裂；滤网过脏会阻塞空滤器，造成发动机工作无力甚至不能启动。

（3）检查设备各部位的连接螺栓是否松动，如果松动必须拧紧。

（4）检查油箱是否有油。推荐使用 93# 以上无铅汽油，不能使用汽/机混合油，不能让灰尘、脏物和水等进入油箱。

（5）电动冲击夯应有可靠的接零或接地，电缆线表面绝缘应完好。

2. 作业过程中的注意事项

(1) 内燃冲击夯启动后，内燃机应怠速运转 3～5 min，然后逐渐加大油门，待夯机跳动稳定后，方可作业。

(2) 电动冲击夯在接通电源启动后，应检查电动机旋转方向，有错误时应倒换相线。

(3) 作业时应正确把握夯机，不得倾斜，手把不宜握得过紧，能控制夯机的前进速度即可。

(4) 正常作业时，不得使劲往下压手把，以免影响夯机的跳起高度。在较松的填料上作业或上坡时，可将手把稍向下压，以增加夯机的前进速度。

(5) 在需要增加密实度的地方，可通过手把控制夯机在原地反复夯实。

(6) 根据作业要求，通过调整内燃冲击夯油门的大小，可在一定范围内改变夯机的振动频率。

(7) 内燃冲击夯不宜在高速下连续作业；在内燃机高速运转时不得突然停车。

(8) 电动冲击夯应装有漏电保护装置，操作人员必须戴绝缘手套、穿绝缘鞋。作业时，电缆线不宜拉得过紧，应经常检查电线接头的安装，不得松动及引起漏电。严禁冒雨作业。

(9) 作业中，当冲击夯有异常的响声时，应立即停机检查。

(10) 严禁夯机在水泥路面或其他坚硬的地面上作业。

(11) 当近距离转移时，应先将冲击夯手把稍向上抬起，将运输轮装入冲击夯的挂钩内，再压下手把，使重心后倾，方可推动手把转移冲击夯。

3. 作业后，应清除夯板上的泥沙和附着物，以保持夯机清洁，并应妥善保管夯机。

四、振动冲击夯的维护保养

振动冲击夯必须定期检查和维护保养。

1. 发动机的维护周期

振动冲击夯发动机的维护周期见表 4—3。

表 4—3　　振动冲击夯发动机的维护周期

保养内容＼周期		每次使用前	每使用一个月或 20 h	每使用三个月或 50 h	每使用六个月或 100 h	每使用一年或 300 h
机油	检查油面	●				
	更换		●		●	
空气滤清器	检查	●				
	清洁			●		
化油器沉淀杯	清洁				●	
火花塞	检查清洁			●		
消声器	清洁				●	
气门间隙	检查调整					●
油箱和滤网	清洁					●
油管	检查更换					●

2. 更换发动机机油

（1）最好在热机的状况下更换发动机机油，以保证机油能快速完全地排放。

（2）更换机油时，先拧下油标，再拧下放油塞放掉机油；然后装上放油塞并拧紧；重新加注机油并检查油位是否符合要求，最后装上并拧紧油标，如图 4—4 所示。

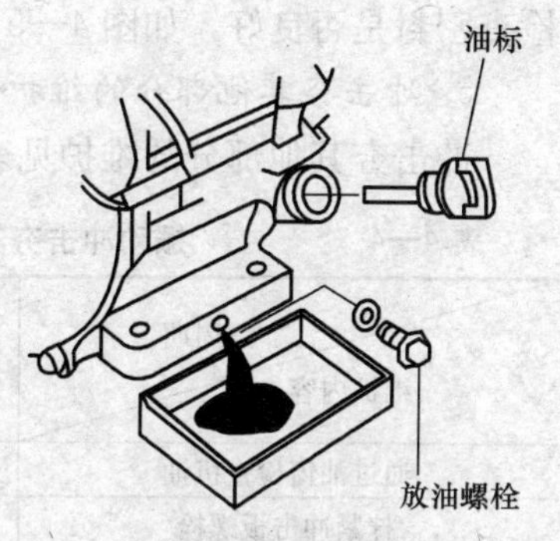

图 4—4　更换机油

（3）人的皮肤长期接触机油有致癌危险，所以接触过机油后要用肥皂洗净。

（4）排放机油时必须用容器盛好，不要将机油洒在地上，以免污染环境。

3. 清洁空气滤清器

空气滤清器很脏时，将阻止空气进入发动机，所以，为了使冲击夯能正常工作，必须经常清洁空气滤清器，并应注意：

（1）不能使用汽油或低燃点溶剂清洁空气滤清器，否则，有可能引起火灾或爆炸。

（2）没有装设空气滤清器时，禁止使用冲击夯，否则会严重损坏发动机。

（3）清洁空气滤清器时，拧开夹座，取下盖子，从盖中取出过滤器芯；过滤器芯很脏时必须清洗干净，破裂则必须更换；重新装好空气滤清器。

4. 清洁化油器沉淀杯及油开关油水分离器

关闭燃油阀，取下沉淀杯和O形环，并用不可燃或高着点溶剂（如清洗剂）清洁，完全晾干后装上并拧紧，然后打开油门开关检查密封是否良好，如图4—5所示。

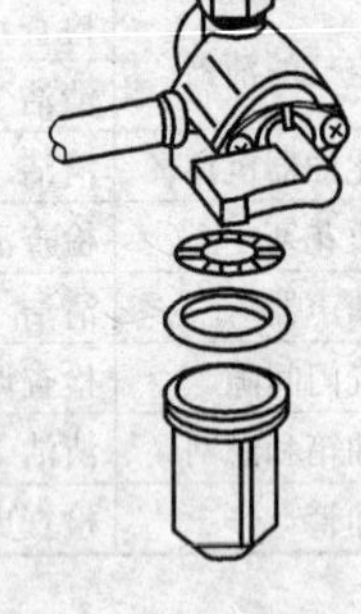

图4—5　取下沉淀杯和O形环

5. 冲击夯其他部分的维护

冲击夯其他部分的维护见表4—4。

表4—4　振动冲击夯其他部分的维护

维护内容＼周期	每次使用前	每使用5 h	每使用一星期或25 h	每使用一个月或100 h
通过油窗检查机油	●			
拧紧冲击板螺栓	●	●		
检查并拧紧总成连接螺母	●	●		
检查发动机是否松动	●	●	●	
清洁发动机散热片				●
更换冲击系统机油				●
检查并拧紧其他连接螺栓	●	●	●	

模块四　压　路　机

压路机（见图 4—6）是利用碾轮的反复碾压作用，使土壤、路基垫层和路面铺砌层密实的自行式压实机械，广泛应用于筑路、筑堤和筑坝等工程。

图 4—6　压路机

一、压路机的分类及应用范围

压路机的分类及应用范围见表 4—5。

表 4—5　　压路机的分类及应用范围

按质量分类	加载后质量/t	线压力/（N/cm）	应用范围
轻型	＞2～5	196～392	压实人行道、简易沥青混凝土、土质铺砌层
中型	＞5～10	392～588	压实砾石、碎石、沥青混凝土、土质铺砌层

续表

按质量分类	加载后质量/t	线压力/(N/cm)	应用范围
重型	>10～15	588～784	压实砾石、碎石或沥青混凝土铺砌层的终压作业
特重型	>15～20	784～1 176	压实大块石堆砌基础和碎石铺砌层、面板堆石坝

二、压路机的安全操作技术

1. 压路机在操作前，应先将驻车制动器松开，再将变速杆置于中位，并检查制动及转向功能是否灵敏、可靠，滚轮的刮泥板是否平整。开动前，压路机周围应无障碍物及无关人员。

2. 当需要改变压路机前后行驶方向时，应先关掉振动开关，待滚轮停止后，再进行变换方向的操作。严禁利用换向离合器进行制动，紧急情况可使用后轮制动器进行紧急制动。

3. 在新开道路上进行碾压时，应从中间向两侧碾压，碾压时不要太靠近路基边缘，距路基边缘应不小于 0.5 m，以防止坍塌。

4. 上坡与下坡时应事先选好挡位，禁止在坡上换挡，尤其下坡时严禁换挡滑行或溜坡。

5. 不得用压路机拖拉其他机械和物体。

6. 两台压路机在平道上行驶或碾压时，其间距应保持在3 m以上。坡道上禁止纵队行驶，以防止制动失灵或溜坡造成事故。

7. 使用轮胎压路机时，应注意使轮胎保持正常气压，并注意是否有石块夹在轮胎之间。

8. 压路机严禁在坚实道路上进行振动。

9. 压路机的起振或停振应在行驶中进行，以免破坏被压路面的平整。

10. 碾压松软路面时，应先在不振动的情况下碾压 1～2 遍，然后再用振动碾压。严禁在尚未起振的情况下调节振动频率。

11. 将压路机转移至距离较远的工地时，应用汽车或平板拖车装运，不得用其他车辆拖行牵运。

12. 在运行中不得进行修理或加油，需要在机械底部进行修理时，应将内燃机熄火，用制动器制动住机械，并楔紧滚轮。

13. 压路机应停放在安全、平坦的地面上，不准停放在斜坡上。如必须在斜坡上停放时，应事先打好木桩。冬季停车过夜时必须用模板将滚轮与地面隔开，以防止滚轮与地面冻结。

三、压路机的维护与保养

1. 总的维护要求

（1）压路机必须停放在坚实的平地上。

（2）确认发动机已经关闭并冷却。

（3）在对压路机进行电气检查时，必须拆开电池，盖住外端端子。

（4）在对液压油管作业时，必须使发动机停止运转，并待液压油冷却后，方可进行。

（5）在检修前，用不可燃无毒性的清洁溶剂彻底清洗所有接头、帽、孔塞等，防止检修时污物进入。

（6）在泄放流体时，应用合适的可密封容器小心盛装，以防止泄漏。

（7）保证以对环境安全的方法处置废液；保证用过的过滤器存放在安全的容器中，并用对环境安全的处置方法处理。

2. 初期保养

（1）检查发动机 V 带的张紧情况。

（2）更换发动机机油和过滤器，更换偏心轮中的油，更换刚轮承架中的油，更换泵传动中的油。

（3）拧紧铰接螺母和摆动转向节销。

3. 每日进行的保养

（1）检查发动机油位。

（2）检查发动机冷却液液位，清洗散热片和油冷器。

（3）检查空气滤清器阻流指示器；检查燃油油位；检查水箱水位；检查滤水器。

（4）检查驻车制动器。

（5）检查刚轮与刮泥板的状况。

4. 每 50 h 或每周进行的保养

（1）检查蓄电池，并清洗端子，涂上润滑脂。

（2）对胶结和摆动轴承加润滑脂；对转向液压缸销轴承加润滑脂。

（3）检查偏心机构油位；检查泵传动油位；检查液压油油位；检查空气滤清器系统的完整性。

（4）对控制台轴承加润滑脂。

5. 每 250 h 或每季度进行的保养

（1）更换发动机机油和过滤器；更换发动机燃油过滤器和油水分离器。

（2）清洗泵传动呼吸器。

（3）更换液压油过滤器。

（4）清洗刚轮承架安全阀。

6. 每 1 000 h 或每年进行的保养

（1）更换刚轮承架和偏心器中的油；更换扭矩轮毂和直角箱中的油；更换泵传动油；更换液压油，清洗液压油箱。

（2）泄放和冲洗水箱、喷杆；泄放、冲洗和更换发动机冷却液。

（3）拧紧摆动活节销螺母；拧紧铰接销螺母。

（4）检查发动机气门间隙。

（5）检查传动带张紧装置。

第五单元　凿岩穿孔机械

培训目标：

1. 了解凿岩机和穿孔机的类型及工作特点。
2. 熟练掌握凿岩机和穿孔机的安全操作要点。

模块一　凿　岩　机

在土石方工程施工中，钻爆法仍是最常用的施工方法。近几年来随着爆破技术的发展，高性能、大转矩、全液压凿岩穿孔机械在大规模的石方开挖、深孔爆破等方面得到了广泛的应用。凿岩穿孔机械是以压缩空气、电、液压传动装置为动力进行凿岩穿孔作业的，通常可以分为凿岩机和穿孔机两类。

凿岩机（见图5—1）是用来直接开采石料的工具，可用它在岩层上钻凿出炮眼，以便于在炮眼内放入炸药炸开岩石，从而完成开采石料或其他石方工程。此外，凿岩机还可用于破碎混凝土之类的坚硬层。

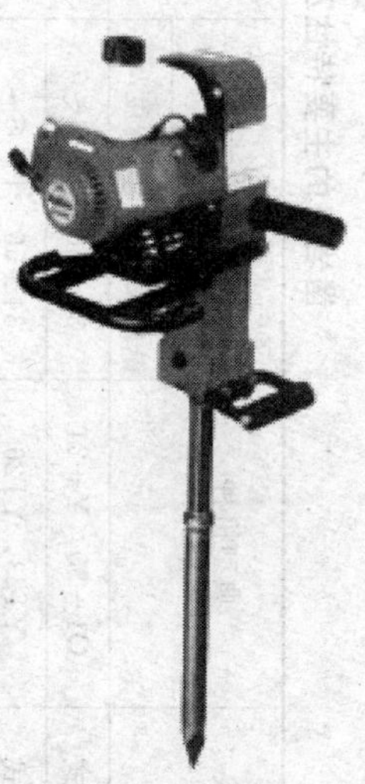

图5—1　凿岩机

一、凿岩机的分类

凿岩机按其动力来源不同可分为风动凿岩机、内燃凿岩机、电动凿岩机和液压凿岩机四类。各种凿岩机的主要特性及应用见表5—1。

表 5—1 凿岩机的主要特性及应用

类别	形式	典型机种	钻孔尺寸		钻孔方向	质量/kg	应用范围
			孔径/mm	深度/m			
风动凿岩机	手持式	Q1—30，Y—24	34～56	4～7	水平、倾斜、向下	20～30	开挖量小、层薄、工作面小等
	气腿式	YT23，YT26	34～56	5～8		23～30	
	向上式	YSP45	34～56	4～6		44～45	
	导轨式	YG40，YG290	40～80	15～40	与水平面向上成60°～90°		视工作面而定
内燃凿岩机	手持式	YN30A，YN25		6	水平、倾斜、向下	23～28	开挖量小、层薄、工作面小等
电动凿岩机	导轨式	YYG—80	42	4～7	任意方向	80	
	手持式、气腿式	YDX40A，TD25	35～56	4～7	水平、倾斜、向下	25～30	
液压凿岩机	履带式	古河系列，阿特拉斯系列，英格索兰系列	76～120	8～10	水平、倾斜、向下	15000	工作面宽广、开挖工程量大、梯段高

二、凿岩机的安全操作

1. 开机前的准备工作

（1）新购的凿岩机内部涂有黏度较高的防锈脂，使用前必须拆除。重装时，应对各部件涂润滑油，将装配后的凿岩机接通压气管路，开小风运转，并检查运转是否正常。

（2）向自动注油器注入润滑油，常用润滑油采用牌号为 L—AN32、L—AN46、L—AN68 的全损耗系统用油。装润滑油的容器应清洁、有盖，以防止岩粉、污物进入注油器。

（3）检查工作地点的风压、水压。风压一般为 0.4～0.6 MPa，风压过高会加快机械零件的损坏；过低会降低凿岩效率，使机械零件锈蚀。水压一般为 0.2～0.3 MPa，若水压过高，则水会灌入机器内部，破坏润滑，降低凿岩效率，使机械零件锈蚀；过低则冲洗效果不良。

（4）使用的钎子应符合质量要求，不合格的钎子禁止使用。

（5）将风管接入凿岩机时，应放气将风管内的污物吹出。用水冲净接水管线接头处的污物。风管、水管必须拧紧，以防止脱落伤人。

（6）将钎尾插入凿岩机机头，用力顺时针转动钎子，如果转不动，说明机器内有卡塞现象，应及时调整。

（7）拧紧各连接螺栓，检查推进器运转情况，运转正常才能开始工作。

（8）对于导轨式凿岩机，应架好支柱，并检查推进器的运转情况；对于气腿式、向上式凿岩机，必须检查其气腿灵活程度等情况。

（9）对于液压凿岩机，应要求其液压系统有良好的密封性，以防止液压油被污染，确保液压油有恒定的压力。

（10）注意观察工作面附近顶板有无活石、松石，并做必要的处理；工作面炮眼的位置要事先捣平才允许凿岩，以防止打滑或炮眼移位。

2. 工作时的注意事项

（1）开眼时应慢速转动，待孔深达到10～15 mm以后，再逐渐转入全速运转。凿岩过程要按孔位设计使钎杆直线前进，并位于孔中心。

（2）凿岩时应合理施加轴推力。轴推力过小，机器产生回跳，振动增大，凿岩效率降低；轴推力过大，钎杆顶紧眼底，使机器超负荷运转，易过早磨损零件，使凿岩速度减慢。

（3）凿岩机卡钎时，应减小轴推力，即可使其逐步趋于正常。若无效，应立即停机。停机后，先使用扳手慢慢转动钎子，再开气压使钎子慢慢转动，禁止敲打钎子。

（4）经常观察排粉情况。排粉正常时，泥浆顺孔口徐徐流出；反之，要强力吹孔。若仍无效，应检查钎子水孔钎尾状态，再检查水针情况，更换损坏的零件。

（5）要注意观察注油储量及出油情况，调节好注油量。无油作业时，容易使零件过早磨损；当润滑油过多时，会造成工作面污染。

（6）操作时应注意机器声响，观察其运转情况，发现问题应及时处理。

（7）注意钎子工作状态，出现异常应及时更换。钻眼时扶钎人员不准戴手套。

（8）操作向上式凿岩机时应注意气腿的给气量，防止凿岩机上下摆动而造成事故。

（9）要注意岩石情况，避免沿层理、节理裂隙穿孔，禁止打残眼，随时观察有无危险。

（10）要有效地使用开孔功能。开孔时应固定推进压力。推进压力应尽可能小些，以便于在倾斜度非常大的岩面上开孔，同时也可避免钻杆产生弯曲。

（11）严禁打干眼，要坚持湿式凿岩。开钻时先开水，后开风；停钻时先关风，后关水。开眼时先低速运转，待钻进一定深度后再全速钻进。

（12）使用气腿钻眼时，要注意站立姿势和位置。绝不能靠身体加压，更不能站立在凿岩机前方，以防止断钎伤人。

（13）退出凿岩机或更换钎杆时，凿岩机可慢速运转，切实注意凿岩机钢钎位置，避免钎杆自动脱落伤人，并及时关闭气路。

三、凿岩机的维护与保养

1. 日常维护与保养

（1）工作前维护与保养

1）将凿岩机清洗干净，按规定进行润滑。对于内燃凿岩机，要事先往汽油里加入适量的润滑油。

2）仔细检查机身各部位的螺栓、卡套和弹簧是否良好，检查水针通水及安装情况，如有堵塞应立即处理。

3）检查润滑油储油器油量。

4）检查钻头和钎杆。钻头应锋利，安装应牢固；钎杆应垂直，钎柄中心孔位置要正确，孔内不得有石屑、铁屑等其他杂物。

5）检查风量、风压、水压、风管和水管情况。

6）试机检查凿岩机的工作状态。对于液压凿岩机，要检查液压泵电动机的回转方向是否正确。

（2）工作中维护与保养

1）检查储油器，每工作 2～3 h 加注一次润滑油，并排除油中的气泡。拧紧油塞后慢慢开动，防止润滑油浸润到其他零件。

2）随时注意观察凿岩机的工作状态。如发现冲击与回转次数少、效率低、风量消耗大、自动停机、螺栓松动等异常情况，应及时修理或更换。

3）随时检查钻头和钎杆的状况，有问题应及时修理与更换。

4）检查各连接软管的情况，发现有损伤应及时更换，各油管接头处不得有渗漏。

5）检查液压系统的压力，发现压力降低时要查明原因，修复后再使用。

（3）作业后维护与保养

1）工作后，关闭水阀，以小风量让凿岩机空转，排除积水，以防止锈蚀。对于内燃凿岩机，需加大油量进行短时间空转后再停机。

2）关闭送风阀门、给水开关，卸下风管、水管，切断电源，取下电缆。

3）擦拭设备。如长时间停用，应将凿岩机易脏、易锈部件拆洗干净，涂上防锈油，放于干燥通风处保存。

2. 定期维护与保养

（1）每工作 200 h 进行一次日常的保养工作。

（2）拆洗各机件，如汽缸、活塞、活塞环、配气阀等，并检查各机件的拉伤和磨损情况，及时进行修复与更换。

（3）拆开连接件时一定要清洗连接件之间的接头。对于液压凿岩机，拆开接头后应用洁净及配合紧密的堵头塞上。

（4）清洗液压凿岩机的滤油器，晾干后再装配。

（5）检查液压泵和液压马达。

（6）检查各接头，更换损坏的密封件。

（7）装配后检查凿岩机的使用性能。各部件接头不得有漏气、漏水、漏油等现象，凿岩机的冲击、回转效率均应正常。液压凿岩机的油压应稳定，无异响和过热现象。

（8）定期送检压力表。

模块二　穿　孔　机

穿孔机（见图 5—2）又称钻探机，是带动钻具破碎孔底岩石以获取实物的机械设备，可用于钻取岩心、矿心、岩屑、气态样和液态样等，是土石方工程必备的钻孔机械。按照破碎岩石的方式不同，可将穿孔机分为潜孔钻机、冲击钻机、牙轮钻机和回转钻机四类。一般情况下，凿岩机适用于钻凿小直径的钻孔，穿孔机则适用于钻凿较大直径的钻孔。

图 5—2　穿孔机

一、穿孔机的分类

1. 潜孔钻机

在凿岩过程中，潜孔钻机的冲击器潜入孔内，以减小由于钎杆传递冲击功所造成的能量损失，从而减小孔深对凿岩效率的影响。

2. 牙轮钻机

牙轮钻机以钻孔孔径大、穿孔效率高等优点成为大、中型露天矿目前普遍使用的穿孔设备。钻孔时，依靠加压和回转机构，通过钻杆对钻头提供足够大的轴压力和转矩，牙轮钻头在岩石上同时钻进与回转，对岩石产生静压力和冲击动压力。

3. 回转钻机

回转钻机将回转力和挤压力传给钻杆，适用于湿润黏土层、软岩、煤矿开采中的钻孔。

各种穿孔机的主要特性及应用范围见表5—2。

表5—2　　穿孔机的主要特性及应用范围

类别	典型机种型号	钻孔尺寸		钻孔方向	质量/kg	应用范围
		孔径/mm	深度/m			
潜孔钻机	CLQ-80，YQ-100	85～130	20	0°～90°	4500	视工作面而定
牙轮钻机	KY-250C	225～250	20	75°～90°	84000	矿山、料场开采
回转钻机	KZ-Y20，YCZ76	95～150	30～60	70°～90°	>15000	视工作面而定
	KHY-200	190～250	20	75°～90°	>15000	矿山、料场开采

二、凿岩穿孔机械造孔的一般要求

1. 岩石特性

不同的岩石硬度和矿物成分是影响凿岩穿孔机械钻进速度和钻头磨损程度的主要因素，也是选择使用何种钻机的重要因素。对于不同类型的岩石应选用与之相适宜的凿岩穿孔机械，一般情况下，完整的岩石采用较大孔径的钻机；裂隙发育的岩石采用较小孔径的钻机。

2. 工作条件

开挖工作面的大小、开挖梯段的高度、开挖强度等也是选择凿岩穿孔机械的决定因素。当开挖场面大、地形较为平坦时，可采用履带潜孔钻机、旋转冲击钻机等；当开挖场面较狭窄以及边坡开挖时，则应采用导轨钻机和轻型钻机。

3. 开挖部位

水工建筑物对基础开挖的质量要求较高，对于保护层、设计边线、沟槽的开挖应采用小直径钻机。

4. 钻孔方向、孔径和深度

所选的凿岩穿孔机械应能满足施工方案中对钻孔方向、孔径和深度的要求。斜孔爆破时，对于后坡方向的破坏影响较小，接近于倾斜边坡钻孔时，应采用能准确控制钻孔方向的钻机。一般情况下，钻孔的偏斜度随着孔深的增大而增大，孔径越小，偏斜度越大。因此，高梯段爆破时应采用较大孔径的钻机。

三、凿岩穿孔机械的维护与保养

1. 工作前维护与保养

（1）检查各油箱油量是否足够，油质是否正常。

（2）检查各减速器齿轮油量是否足够，油质是否正常。

（3）检查是否有漏油现象。

（4）检查主、副钢丝绳有无断丝现象，连接是否安全、可靠、完好，压绳器力量是否足够。

（5）检查提引器是否转动灵活，内部润滑脂是否被污染。

（6）检查钢结构部分有无裂缝、锈蚀、脱焊及其他损坏，并进行修复。

（7）紧固松动的胶管、螺栓。

（8）检查润滑情况。

2. 日常维护与保养

（1）每班工作前，都应给钻杆提引器（钢丝绳连接体）加注润滑脂。注意：给提引器一端的油嘴注油时，一定要把另一端的油嘴拧开，这样有利于把以前所注的润滑脂排挤出来；反之，可能会把提引器里的油封挤坏，使含有细泥沙的脏水很容易进入，会磨损轴承，降低提引器的灵敏性。

（2）每班工作前，都应给钻杆随动导向架（钻杆上的支架）轴承加注润滑脂。

（3）检查钢丝绳是否完好。

（4）检查油管、密封圈的破损情况。

（5）注意电路继电器是否老化。

（6）检查钻杆提引器（钢丝绳连接体）轴承的转动是否灵活，如果轴承损坏应立即更换。

（7）经常检查螺栓、销轴是否磨损、断裂，如有损坏应立即更换。

第六单元　土石方机械配套选型

培训目标：

1. 了解土石方机械配套选型的原则及方法。
2. 熟悉土石方机械配套选型的计算方法。

模块一　土石方机械配套选型的原则

一、土石方机械配套选型的原则

1. 选用土石方配套机械设备时，其性能与参数应与工程的施工条件、施工方案和工艺流程相符合，与开挖地段的地形和地质条件相适应，并且应满足开挖深度和质量的要求。

2. 开挖过程中，采用的机械应相互配合，并能充分发挥各自的生产效率，确保生产进度。

3. 选用配套机械设备时，应首先确定在开挖过程中起主导作用的机械，其他机械应随主导机械而定，其他机械的生产能力应大于主导机械的生产能力。

4. 对工程所用的机械，要严格从供货渠道、产品质量、操作技术、维修及保养、售后服务等方面进行综合评价，确保技术可靠，经济适用。

二、土石方机械配套选型的方法

1. 分析施工过程

土石方的施工过程包括施工准备工作、基本工作及辅助工作。

（1）准备工作。主要包括施工场地的清理、基坑排水、道路修筑等。

（2）基本工作。主要包括钻孔、爆破、挖掘、装载、运输、压实、卸料等。

（3）辅助工作。是配合基本工作进行的工作，主要包括道路平整以及临时水、电、管道等的铺设。

2. 拟订施工方案和选择施工机械

土石方工程施工方案，一般有多种可供选用。首先应按照施工条件、工程进度和工作面的参数选择进行基本工作的主导机械；然后根据主导机械的生产能力和性能选用配套机械。选用施工机械时，可参考类似工程的施工经验和有关的施工机械手册。例如：

（1）当履带式推土机的推运距离为 15～30 m 时，可获得最大的生产效率。推运的经济运距为 30～50 m，大型推土机的推运距离不宜超过 100 m。

（2）轮胎式装载机用来挖掘和特殊情况下用于短距离运输时，其运距不超过 150 m；履带式装载机不超过 100 m。

（3）牵引式铲运机的运距一般为 300 m；自行式铲运机的运距与道路坡度大小、机械的性能有关，一般为 200～3 000 m。

（4）自卸汽车在运距方面的用途较为广泛。

我国现行的定额以机械设备的台班产量为基本指标。在确定机械设备的产量指标时，要遵循现行的施工定额，并结合工程的具体情况进行分析，综合利用。

模块二　土石方机械配套选型的计算及实例

在土石方工程施工中，不仅要求每一施工过程配置的机械应符合使用要求，而且在机型、性能、数量和管理上都要按照施工要求进行组合配套，才能实现经济合理的现代化施工作业。

一、挖掘机与汽车的配套计算

1. 配套要求

（1）先按照工作面参数和条件选择主导机械挖掘机，再选用与挖掘机相配套的汽车。

（2）汽车斗容应与挖掘机的斗容比相适应，见表6—1。

表6—1　　斗容比的合理值

运距/km	<1.0	1.0～2.5	3.0～5.0
挖掘机数量/台	3～5	4～7	7～10
装载机数量/台	3	4～5	4～5

（3）选择配套汽车数量时应考虑的内容。

1）若装车工作面狭窄，易造成汽车空闲。

2）装载工序受其他工序的干扰，造成时间利用率低。

3）临时道路的平整与否直接影响汽车的通行能力。

2. 配套计算

与挖掘机配套的汽车数量一般应按定额指标进行计算，见表6—2。

表6—2　　与单台挖掘机配套的汽车数量

挖掘机斗容/m^3	汽车/t	运距/km					
		0.5	1.0	2.0	3.0	4.0	5.0
1	8	3	3	4	5	6	6
	10	3	3	4	4	5	5
	12	2	3	3	4	4	5
2	8	4	5	7	8	9	10
	10	4	5	6	7	8	9
	12	3	4	5	6	7	8
	15	3	4	5	5	6	7
	20	3	3	4	4	5	5

续表

挖掘机斗容/m^3	汽车/t	运距/km					
		0.5	1.0	2.0	3.0	4.0	5.0
3	10	4	5	7	8	9	10
	12	4	5	6	7	8	10
	15	3	4	6	6	7	9
	20	3	4	4	5	5	6
	25	3	3	4	4	5	5
	32	2	2	3	3	4	4
5	15	4	5	6	8	9	10
	20	4	4	5	6	7	8
	25	3	4	5	5	5	6
	32	3	3	4	5	5	6
	45	2	2	3	3	4	4
6	32	5	5	6	6	6	7
	45	3	3	4	4	5	5

注：本表按 1997 年水利水电工程预算定额计算。

二、土石方机械的配套实例

1. 葛洲坝工程土石方机械的配套实例

在葛洲坝工程中，土石方开挖强度为 1 259 万 m^3/年，主体工程基础开挖强度连续 6 年在 550 万 m^3 以上，最高达 971 万 m^3。葛洲坝工程开挖主要机械配套情况见表 6—3。

表 6—3　　葛洲坝工程开挖主要机械配套情况

设备名称	规格	数量/台
挖掘机	斗容 4 m^3	36
	斗容 3 m^3	4

续表

设备名称	规格	数量/台
推土机	305 kW	5
	238 kW	4
	134 kW	40
	112 kW	13
	89 kW	51
装载机	斗容 6.9 m^3	6
	斗容 5 m^3	4
	斗容 2.2 m^3	10
自卸汽车	载重量 45 t	30
	载重量 30 t	55
	载重量 27 t	60
	载重量 20 t	185
	载重量 15 t	70
	载重量 12 t	40

注：摘自 2000 年的《中国水力发电工程》(机电卷)。

2. 三峡永久船闸土石方机械的配套实例

三峡永久船闸的土石方开挖工程分两期进行，第一期工程开挖量为 1 941 万 m^3，第二期工程开挖量为 2 300 万 m^3，总计 4 241 万 m^3，平均月开挖量为 150 万 m^3，开挖工程主要机械配套情况见表 6—4。

表 6—4　三峡永久船闸开挖工程主要机械配套情况

设备名称	规格	数量/台
挖掘机	斗容 9.5 m^3	3
	斗容 6～8 m^3	15
	斗容 4 m^3	11
	斗容 0.8～1.6 m^3	10

续表

设备名称	规格	数量/台
推土机	343 kW	3
	305 kW	3
	238 kW	10
	164 kW	7
装载机	斗容 6 m^3	2
	斗容 3 m^3	9
自卸汽车	载重量 42 t	20
	载重量 32 t	99
	载重量 15～20 t	40

注：摘自 2000 年的《中国水力发电工程》（机电卷）。

第七单元　安全生产与文明施工

培训目标：

1. 了解安全生产与文明施工的基本知识及要求。

2. 熟练掌握土石方机械的安全操作要点。

模块一　安全生产

一、安全生产须知

1. 一个方针

安全生产方针是安全第一，预防为主。

2. 两个原则

（1）管生产必须管安全，谁主管谁负责。

（2）安全生产，人人有责。

3. 三不违章

（1）不违章指挥。

（2）不违章作业。

（3）不违反劳动纪律。

4. 四不放过

（1）事故原因分析不清不放过。

（2）事故责任人和群众没有受到教育不放过。

（3）没有整改防范措施不放过。

（4）事故有关领导和责任人没有处理不放过。

5. 五大伤害

(1) 高处坠落。

(2) 触电。

(3) 物体打击。

(4) 机械和起重伤害。

(5) 坍塌。

6. 六大纪律

(1) 进入施工现场的人员必须戴好安全帽，并正确使用个人劳动保护用品。

(2) 在 3 m 以上的高空悬空作业时，作业人员必须戴好安全带，扣好保险钩。

(3) 高空作业人员不准往上或往下乱抛材料和工具等。

(4) 各种电动机械设备必须具有可靠、有效的安全措施和防护装置方能开动使用。

(5) 严禁无关人员使用和摆弄机电设备。

(6) 吊装区域内严禁无关人员入内，吊装机械必须完好，把杆正下方不准站人。

二、土石方机械的安全使用要求

1. 一般注意事项

(1) 机械设备的管理实行“三定”制度，即定人、定机、定岗。现场机械设备必须由经过专业训练，并经考核合格取得操作上岗证的专业人员使用。

(2) 作业中所有工作人员必须穿戴安全防护用品。

(3) 启动发动机时，应将离合器及变速杆放在空挡位置。开车时应发出信号，确认前方近处无人、履带或轮胎上无其他物品时方可开车作业。停车时必须把履带刹住。

(4) 施工机具运转工作时不得进行维修、保养、清理等工作。当机械设备发生故障时，必须由专业人员进行维修。

(5) 行驶中人员不得上、下机车或传递物件，不得在机车与被牵引机械设备之间跨越。陡坡上作业时禁止转弯及横向行驶。下大坡时不得空挡滑行，履带式机车上、下坡时不允许换挡。

（6）发动机运转时，不得在机车下面进行任何作业；不得对行驶中的机车进行修理及调整工作。

（7）横越外露管道、电缆、钢丝绳等障碍物时，应铺设道木或木板予以保护。

（8）施工中若发现有地下管道、电缆及建筑物、构筑物时，应立即停车，并报告有关单位、部门处理。禁止拖、推、铲取埋在地下情况不明的物件。

（9）在坡地工作时，若遇发动机熄停，必须将机车制动，并将履带楔紧。司机离岗前应将铲斗或叉子落地，并将发动机熄火。

（10）禁止使用打结的钢丝绳；必须预先整理绞盘中钢丝绳的扭结；应及时更换磨损、锈蚀程度超过允许限度的钢丝绳。

2. 主要土石方机械的安全使用要求

（1）推土机

1）在向坡的边缘推土时，推铲不得推出边缘；并应先换挡，再提升推铲倒车。

2）工作场所如有大石头、障碍物或坑穴时，应预先清除或填平。在使用推土机清除高于机体的建筑物、树木、电柱等时，应采取安全措施，并选择有利地形。

3）下陡坡时，应将推铲放下触地，倒车下行。

4）保养时必须放下推铲；需在推铲下面检查时，必须用木块垫牢推铲；推铲悬空时，严禁在推铲下面进行检查或作业。

（2）铲运机

1）铲斗未固定于运输状态时，禁止铲运机行走运输。拖拉机和铲斗之间必须加装保险钢丝绳。

2）铲运机在斜坡时，禁止向下后退进行卸土。

3）铲运机行驶和作业时，铲斗或机架上禁止载人。

4）多机作业时，两机前后距离应保持不小于 20 m。

（3）挖掘机

1）操作中进铲不应过深，提斗不应过猛。铲斗满载时，不得变动动臂的倾斜度。

2）操作中严禁在铲斗未离开工作面时进行回转，或用铲斗的侧面刮平土壤，或用铲斗对工作面进行侧面冲击。

3）挖掘悬崖时，应防止岩石塌落伤人或砸坏物件；挖沟时，站位应与沟槽保持一定的安全距离，以防止翻车。

4）向汽车上卸土时，铲斗要低，尽量放进车厢后开底卸土，严禁铲斗从汽车驾驶室上方越过。工作面下面有人或障碍物时，禁止卸土作业。

5）挖掘机行驶或移动时，应刹住回转台，动臂杆平行于履带，铲头离地面应不超过 1 m。上坡时，履带主动轮应在后面；下坡时，履带主动轮应在前面，动臂应在后面。一般不应上下超过 20°的坡。

6）挖掘机停止工作时，铲斗必须落地，不得悬吊在空中。

（4）装载机

1）不能超过规定载重与装卸。对尺寸庞大、重心不稳的货物不得载运。

2）升降机向前倾斜时禁止提升货物；升降机尚未完全向后倾斜时不得开车。提升物件时，必须等装载机制动后进行。行车时，铲斗或叉子的最低点应离地面 300～400 mm，铲斗及叉子上不得载人。

3）用铲斗取货物时，在距离货物 4～8 m 内应用一挡低速前进。顶推货物时用力不得过猛。

4）载运货物的重心应在两个叉臂中间，禁止用一个叉臂吊运货物。

5）在后轮因失去稳定而离地时，应立即落下重物。

3. 土石方机械的安全操作要点

（1）土石方机械的内燃机、电动机和液压装置的使用，应严格按照内燃机和电动机安全使用交底操作。

（2）机械进入现场前，应查明行驶路线上桥梁、涵洞的上部净空和下部承载能力，保证机械能安全通过。

（3）要充分了解施工现场的地面及地下情况，以便采取安全、有效的作业方法，避免操作人员和机械及地下重要设施遭受损害。作业前，应查明施工场地明、暗设置物（如电线、地下电缆、管道、坑道等）的地点和走向，并用明显记号表示。严禁在距离电缆 1 m 以内作业。

（4）作业中，应随时监视机械各部位的运转及仪表指示值，如发现异常，应立即停机检查。

（5）对在施工现场不能取消的电杆等设施，要采取防护措施。在电杆附近取土时，对不能取消的拉线、地垄和杆身应留出土台。土台半径：电杆应为 1.0～1.5 m，拉线应为 1.5～2.0 m，并应根据土质情况确定坡度。

（6）桥梁的承载能力有一定的限度，履带式机械行驶时振动大，通过桥梁时要减速慢行，在桥上不要转向或制动，以防止由于冲击载荷超过桥梁的承载能力而造成事故。

（7）施工过程中如遇以下情况时，应立即停止施工，必要时可将机械撤离至安全地带，待条件符合要求时方可继续施工：

1）填挖区土体不稳定，有发生坍塌危险时。

2）气候突变，发生暴雨、水位暴涨或山洪暴发时。

3）在爆破警戒区内发出爆破信号时。

4）地面涌水、冒泥，车辆容易陷落或因雨发生坡道打滑时。

5）工作面净空不足以保证安全作业和运行时。

6）施工标志、防护设施损毁失效时。

（8）雨季施工时，机械作业完毕应停放在较高的坚实地面上。

(9) 当挖土深度超过 5 m，或发现有地下水以及土质发生特殊变化等情况时，应根据土壤的实际性质计算其稳定性，再确定边坡坡度。

(10) 当进行爆破时，所有人员、机具应撤至安全地带或采取安全保护措施。

模块二 文明施工

文明施工是指科学地组织施工，坚持合理的施工程序，营造舒适的生产、生活环境，保持施工场地整洁、卫生，创造良好文明气氛的一项施工活动。

一、文明施工的基本要求

1. 进入施工现场，要认真阅读入口处悬挂的“五牌一图”(工程概况牌、安全生产牌、消防保卫牌、环境保护牌、文明施工牌、施工现场总平面图)，以期对施工现场及各项制度有一定了解。

2. 施工中各种建筑材料、工具要合理放置、整齐堆放，施工作业时要井然有序，杜绝施工中的“脏、乱、差”，杜绝违章施工、野蛮施工，施工作业完毕应及时清理现场。

3. 不穿拖鞋、赤膊上班，不酒后上班，不玩火、烤火和打闹嬉笑，不随便进入建设单位的车间、仓库、办公室等重要场所。

4. 工地临时宿舍应干净卫生，被褥叠放整齐，衣服勤换洗，饭前洗手，不吃不干净的食品，不喝生水，不随地大小便。

二、建筑成品保护

在施工过程中对已完工部分进行的保护称为成品保护。工程中的一切材料、设备、成品、半成品都是成品保护的范围。成品保护是每个施工人员的责任和义务。

附录1　土石方机械安全操作规程

1. 土石方机械的内燃机、电动机和液压传动装置部分应按本规程有关规定执行。

2. 机械进入现场前，应查明行驶路线上桥梁、涵洞的上部净空和下部承载能力，保证机械安全通过。

3. 工作前应查明施工场地明、暗设置物（如电线、地下电缆、管道、坑道等）的地点及走向，以确保机械安全作业。严禁在离电缆1 m距离以内作业。

4. 工作前要清除工作场地内的障碍物，工作时要平稳操作，严禁野蛮使用机械。

5. 启动机械前，应认真检查、紧固、润滑各部位，确认安全良好，按规定作好启动前的各项准备工作，方能启动及使用机械。

6. 加油及检查电解液时，禁止吸烟或靠近火源。

7. 机械行驶时，禁止其他人员搭乘。

8. 机械行驶前，必须确认机械周围没有人或障碍物，发出信号（按喇叭）后方能行驶机械。司机离岗时，必须将机械可靠制动，并放下工作装置，必要时在机械前后打上堰。

9. 应随时监视机械各部位的运转及仪表和指示信号的情况，若发现异常（如剧烈振动、异响、异臭、泄漏以及温度和压力等突变），应立即停机检修，情况不明时应及时请机械人员处理。

10. 机械未停机时，不应接触转动部位以及进行保养和修理。在维修、焊接、铆接工作装置钢结构时，必须使其降到最低位置，并在适当部位铺垫垫木。

11. 在电杆附近取土时，应注意对拉线、地垄和杆身周围加固。对不能取消的拉线、地垄和杆身应留出土台。土台半径：电杆为 1.0～1.5 m，拉线为 1.5～2.0 m，并视土质情况确定坡度。

12. 机械在高压线下作业或通过时，机体最高点与电线距离不得小于附表 1 规定的距离。否则，应暂时停电，或通过线路管理部门安装护线架后才能进行工作。

附表 1　　不同电压所对应的机体与电线距离

线路电压/kV	<1	1～20	35～100	154	220
水平安全距离/m	1.5	2.0	4.0	5.0	6.0
垂直安全距离/m	1.5	1.5	2.5	2.5	2.5

13. 对于涵洞顶部路基的填土，必须先由人工夯填，即用高1 m、宽为涵洞直径 1.5 倍的土覆盖后，才准用机械继续填筑。回填过程必须保持涵洞两侧均衡填筑，防止涵洞单侧受压而遭到破坏。

14. 大型机械不得在行车线上跨轨运土施工。若必须进行跨轨施工时，应取得有关运营部门的同意，在确保机械与行车安全的前提下修筑运行道，并对钢轨和枕木采取妥善的防护措施，且应在道口设安全防护员。

15. 若机械在铁路行本限界内发生故障，或通过轨道时造成轨道损伤，不能迅速修复而影响行车安全时，应立即派人持红色信号灯分赴两端各 1 000 m 外进行停车防护；同时向就近车站或养路部门报告，组织抢修，在未恢复达到行车安全条件前，不得撤除停车防护。

16. 在施工中，遇下列情况应立即停工，待恢复作业安全条件时方可继续施工：

(1) 填挖区土体不稳定，有发生坍塌危险时。

(2) 气候突变，发生暴雨、雷雨、水位暴涨及山洪暴发时。

(3) 在爆破警戒区内发出爆破信号时。

(4) 工作场地发生交通堵塞或严重干扰时。

(5) 施工标志丢失，防护设施毁损失效时。

(6) 地面涌水、冒泥，车辆容易陷落或因雨发生坡道打滑时。

(7) 工作面净空不足以保证安全作业和运行时。

17. 轮式机械在公路或城市道路上行驶时应遵守交通部门的有关规定。

18. 配合机械作业的清底、平地、修坡等人员，应在机械的回转半径以外工作；如必须在回转半径以内工作时，必须使机械停止回转并制动好后方可作业。机上、机下人员应随时取得联系，确保安全生产。

19. 雨季施工时，机械作业完毕应停放在较高的坚实地面上。

20. 挖掘路基基坑时，如坑底无地下水，坑深在 5 m 以内，边坡坡度符合规定时，可不加支撑。

21. 挖土深度超过 5 m，或发现有地下水以及土质发生特殊变化等情况时，应根据土壤的实际性质计算其稳定性，再确定边坡坡度。

22. 车辆不得停放在坡道上；如必须在此停放时，应放下铲斗、刀片等工作机构，确认制动可靠，并在机械前后打上堰。

附录2 土石方机械司机安全操作规程

1. 各类土石方机械均属于场内机动车辆，司机应按有关规定培训，并经考核合格后持证上岗。

2. 机械启动前，应将离合器分离或将变速杆放在空挡位置。确认机械周围无人和障碍物时方可作业。

3. 车辆行驶中，人员不得上下车辆和传递物件；禁止在陡坡上转弯、倒车和停车；下坡不准空挡滑行。

4. 停车以及在坡道上熄火时，必须将车制动住，将刀片、铲斗落地。

5. 禁止使用打结的钢丝绳，如有扭曲、变形、断丝、锈蚀等状况应及时更换。

6. 操作挖掘机时，进铲不应过深，提斗不应过猛，一次挖土高度不能大于4 m。

7. 挖掘机向汽车上卸土时，应待汽车停稳后进行，禁止铲斗从汽车驾驶室上方越过。

8. 在挖掘机铲斗回转半径内遇有推土机工作时，应停止作业。

9. 挖掘行驶时，臂杆应与履带平行；制动回转机构时，铲斗应离地1 m左右；上坡和下坡时，坡度应不超过20°。

10. 装运挖掘机时，严禁在跳板上转向和无故停车；上车后应使各制动器制动，并放好臂杆和铲斗。

11. 装载机操作手柄应平顺；臂杆下降时，中途不得突然停顿。

12. 行驶时，须将铲斗和斗柄的液压缸活塞完全伸出，使铲斗、斗柄和动臂靠紧。

13. 手摇启动推土机时必须五指并拢；用拉绳启动时，不得将绳缠绕在手上。

14. 用推土机拖挂的钢丝绳牵引重物起步时，附近不得有人。

15. 向边坡推土时，刀片不得超出边坡，并在换好倒挡后才能提升刀片倒车。

16. 推土机上坡和下坡不得超过 35°，横坡行驶不得超过 10°。

17. 铲运机在新填的土堤上作业时，铲斗离坡边的距离不得小于 1 m。

18. 拖式铲运机上坡和下坡不得超过 25°，横坡不得超过 6°。

19. 多台土石方机械同时作业时，前后距离不得小于 10 m；多台自行式铲运机同时作业时，两机间距不得小于 20 m。

20. 禁止在坡道上停放压路机，必须停放时，应将制动器制动住，并楔紧滚轮。

21. 两台以上压路机碾压时，其间距应保持在 3 m 以上。

22. 自行式平地机掉头和转弯时应减速；行驶中，必须将刮刀和齿把升到最高处，刮刀两端不得超出后轮胎外侧。

参考文献

1. 建设部干部学院．中小型建筑机械操作工．武汉：华中科技大学出版社，2009
2. 建设部人事教育司．建筑业农民务工常识读本．北京：中国建筑工业出版社，2006
3. 纪士斌，范同顺．建筑机械基础．北京：清华大学出版社，1995
4. 建设部人事教育司．中小型建筑机械操作工．北京：中国建筑工业出版社，2007
5. 吴志斌，舒奕荣，钟金如．中小型建筑机械操作工．北京：中国环境科学出版社，2008
6. 钟汉华．城市水利工程施工技术．郑州：黄河水利出版社，2008
7. 包永刚，王廷栋．建筑施工技术．郑州：黄河水利出版社，2011
8. 全国水利水电工程施工技术信息网．水利水电工程施工手册．北京：中国电力出版社，2002
9. 赵海艳．中小型建筑机械操作基本技能．北京：中国劳动社会保障出版社，2010